BEGINNER'S
Danish
WITH **Online Audio**

D1453042

Beginner's
Danish
WITH **Online Audio**

Nete Schmidt

HIPPOCRENE BOOKS, INC.
New York

Audio files available at www.hippocrenebooks.com

Online audio edition, 2022

Text Copyright © 2022, 2007 Nete Schmidt
Audio Copyright © 2007 Hippocrene Books

Voice talent: Jane C. Pejtersen, Albert Bendix, Christine W. Therkelsen, Tore Ørnsbo, Anette Nørgaard, Klaus Lukas Hassel
Recording engineer: Yaron Aldema
Audio recorded and mastered at World Music Connections/AM Studios, New York City

For information, address:
HIPPOCRENE BOOKS, INC.
171 Madison Avenue
New York, NY 10016
www.hippocrenebooks.com

ISBN: 978-0-7818-1430-0
Previous Edition ISBN-10: 978-0-7818-1199-6

Printed in the United States of America.

FSC
www.fsc.org

MIX
Paper from
responsible sources
FSC® C011935

I would like to dedicate this book to my parents, Grete and Ole Schmidt, to my children Michael, Christine, Pernille, Christian, and Mattias, and to my sister Vibeke Brose and her children, Finn, Steen, Anne Marie, and Thor.

Contents

Audio files available for download at:
http://www.hippocrenebooks.com/beginners-online-audio.html

Acknowledgments

Heartfelt thanks go to my parents, children, sister, niece, and nephews for their enthusiastic help and support with this project. My mother's and sister's eagle eyes caught all flaws and errors, and my family's innovative suggestions provided authenticity, topicality, and realism.

I owe my creative illustrators, Marianne Muurholm and James Peyton, warm thanks for sharing their talents with illustrations that provide additional material for description and conversation.

Likewise, I owe warm thanks to Anja Filtenborg for her charming photos.

Anne Birgitte Gebauer used her research skills and inquisitive mind to depict the origins of my chosen location for the book, Århus (Aros). For this I am very grateful as it adds the spice of history to a contemporary story.

For proofreading I extend special thanks to Vibeke Brose and Gay Huenink, and I want to thank my husband Larry Jorgenson for his help with the English components as well as his unwavering support.

Finally, I would like to thank Hippocrene Books for giving me this opportunity to fulfill my dream of writing a *Beginner's Danish* book.

Denmark and the Danes

THE DANISH LANGUAGE

The language of Denmark is Danish. In the Faroe Islands and Greenland, Danish is considered on equal footing with Faroese and Greenlandic, respectively, and in Icelandic schools, the first foreign language taught is Danish. Approximately 50,000 pro-Danish German citizens in Schleswig-Holstein consider Danish to be their mother tongue or cultural language, and Danish emigrants all over the world also maintain their Danish language skills. Danish has been an official EU language since 1973.

Danish belongs to the North Germanic linguistic group, together with Norwegian, Swedish, Icelandic, and Faroese. Danish is so close to Norwegian and Swedish that the three languages may be said to be mutually intelligible. The spoken language varies with regional differences, but only a few people speak an actual dialect. Most people adhere to a standard pronunciation that originates from Copenhagen or Aarhus.

The written language adheres to a strict norm determined in *Retskrivningsordbøger* (*Dictionaries of Correct Writing*) published at regular intervals by *Dansk Sprognævn* (The Danish Language Council). The alphabet contains twenty-nine letters, adding *æ*, *ø*, and *å* to the Roman alphabet, and in general, the pronunciation is not consistent with the way words are written. The nine Danish vowels represent sixteen different sounds, and there are also several diphthongs. In general, the consonants are unvoiced. A unique feature is the *stød*, the glottal stop, which is used to distinguish between several homonyms and words. The Danes have a tendency to drop inflectional endings, and this perceived mumbling may present problems to those learning the language.

Historically speaking, Danish is a dialect of a common Scandinavian language known from around 200 AD. Around 1100–1200 AD, Danish became a distinctive language with a distinctive pronunciation. The period from 800–1100 AD is called Old Danish or Runic Danish, as our knowledge of the language is primarily based on runic inscriptions. Christianity brought Greek and Latin loan words into what is called Early Middle Danish (1100–1350 AD), which was used to write the first Danish laws from *Skåne* (Scania), and *Jylland* (Jutland). Middle Danish (1350–1500) shows signs of a vocabulary that began including abstract concepts used in developing administrative and legal systems. Around 1400, Danish replaced Latin, and at the end of the Middle Ages (1500), Danish had become a functional language resembling what it is today. The Older New Danish from 1500–1700 promoted the development of a shared standard language, cemented in part by the comprehensive writings of Ludvig Holberg (1684–1754).

In the 20th century, the advent of radio broadcasts in 1922 and TV broadcasts in the early 1950s was also conducive to language standardization. While dialects still exist, the language today is principally characterized by regional and generational variations.

The vocabulary of Danish is continually expanding. New words are freely formed by means of compounding or deriving, and many loan words are regularly included, especially those pertaining to technology. The Danes show no fear of losing their unique language quality and instead embrace loan words, in particular from English and American, as an added spice to the language culture. *Ordbog over Det Danske Sprog* (*Dictionary of the Danish Language*) was published in twenty-eight volumes from 1918–1956 and has most recently been reprinted in the 1990s. Five supplemental volumes were published in 2005, and the thirty-three volumes include a total of more than 250,000 words.

POPULATION

In 2022, the Danish population was 5,873,420. Furthermore, 56,937 people live in Greenland, and 49,233 live on The Faroe Islands. The population density is 136 per square km, and 88 percent of the population live in cities or towns. The largest city is *København* (Copenhagen) with 1.3 million inhabitants, and the second largest is *Aarhus* (Aarhus) with 349,433 people. Of the entire population, 1.36 million are under nineteen years of age, and 1.54 million people are older than sixty. The population is 51 percent women, with a life expectancy of 83.6 years, and 49 percent men, with a life expectancy of 79.5 years. Danes comprise around 1.3 percent of the population of the European Union.

In the second half of the 19th century, more than a quarter of a million Danes emigrated, primarily to America. Today, the number of immigrants to Denmark from European countries corresponds more or less to the number of emigrants, but there has been and is now an increasing number of immigrants from other countries such as Syria, Romania, Turkey, Iraq, Iran, former Yugoslavia, Pakistan, and Afghanistan. As of January 1, 2022, 621,825 foreign-born citizens lived in Denmark.

In the beginning of the 20th century, Danish women had an average of four children, but this number was reduced to 1.4 in 1983. The fertility rate has now increased, and in 2022, the number was 1.77 children per woman. Abortion was legalized in 1973, and contraception is accessible to everyone.

Danish women become mothers at the average age of 31.4 years in 2022, and there is a clear majority of two-income families with both the mother and the father working outside the home. Approximately 3 million people engage in active employment.

In the 1960s, more and more Danes started living together without getting married, and after years of increase, the number of marriages is decreasing in Denmark today with roughly 28,000 marriages registered in 2021. Danes marry at a later age, around thirty-five years of age for men and thirty-one years of age for women. In 2000, 6.7 per 1,000 inhabitants married—almost 39,000 marriage ceremonies, but 2.5 per 1,000 inhabitants got divorced that same year—almost 14,400. In Denmark, 54 percent of children are born outside of marriage, a number topped by France with 60%.

In 1989, Denmark became the first country in the world to recognize the right of homosexuals to live in a registered partnership with similar rights as those in marriage. In 2012, The Danish State Church approved same-sex marriages and church weddings.

GEOGRAPHY AND CLIMATE

Denmark is a country located north of Germany and south of Norway and Sweden. Denmark covers 43,098 sq.km. / 16,650 sq. miles, which is slightly less than twice the size of Massachusetts. Denmark consists of the peninsula *Jylland* (Jutland) and 406 islands, of which 79 are inhabited. The capital, *København* (Copenhagen), is situated on the largest island, *Sjælland* (Zealand). The second largest city is Aarhus in *Jylland* (Jutland), and the third largest is Odense, located on the island of *Fyn* (Funen). To the west of Jutland lies the North Sea, and to the east is the Baltic Sea. Thus, Denmark lies on the sea route from the Baltic Sea to the main world oceans as well as on the trade route from the Nordic countries to Central Europe. This position has been seminal in shaping the history of the country.

Denmark is a flat, low-lying country with its highest point, Yding Skovhøj, at 172.54 m / 566 ft, and its lowest point, Lammefjorden, at minus 7 m / minus 23 ft below sea-level. The landscape comprises rolling hills, green pastures, and large forest areas.

Denmark is in the temperate climate zone, and with the large sea areas and prevailing westerlies (predominant wind direction west and southwest), the results are cool summers (mean temperature around 16 degrees C / 61 degrees F) and moderate winters (mean temperature around 0.5 degrees C / 33 degrees F). The weather may change unexpectedly, and on an average, light rain falls 170 days per year. During the summer months, the days are long and the nights are very short—2 to 3 hours; whereas the light is only seen for 6 to 7 hours during the winter months. However, the Danes are adept at embracing a variety of weather conditions, dressing appropriately to pursue outdoor interests and lighting candles to offset the winter darkness. The Danish concept of *Hygge* has become very popular in the rest of the world. Several books have been written about it, and many talks have been and are given to explain this particular way of finding comfort, joy and balance even in dreary, dark times.

BRIEF HISTORY OF DENMARK

Denmark has been inhabited as far back as the last interglacial period some 120,000 years ago, but the oldest evidence of human habitation is traces of reindeer hunter settlements from the end of the last Ice Age around 12,500 BC. Agriculture and animal husbandry led to the establishment of farming communities in the Neolithic Age around 3900 BC, and villages are found in the centuries before the birth of Christ. The first towns, such as Ribe, appeared during the Germanic Iron Age around 400–750 AD. The country was unified under the son of Gorm the Old, Harald Bluetooth (d.987), who had a runic inscription carved into the side of the Jelling Stone in memory of the fact that he "made the Danes Christians." The Jelling Stone is often referred to as Denmark's birth certificate.

During the Viking Age, around 800–1100 AD, a strong royal power was developed, and the Danes became notorious as the Vikings who plundered churches and monasteries. The Viking armies were relatively small and primarily interested in pillage, although a number of them ended up settling in England and Normandy. The raids also went to Ireland and Russia, and the Vikings brought rich booty back to their native country. Canute I the Great conquered England in 1016 and became king of England, Denmark, and Norway, but his murder by the Danish nobles in 1035 put an end to the strong royal power behind the Viking expeditions.

Harald Bluetooth was baptized around 956, and Christianity was disseminated by clergy coming from southern Europe. Catholic influence was strong, and many churches were built in the following centuries. The community was divided into a powerful clergy, a secular nobility of great landowners, an urban middle class, and a large peasantry.

Around 1350, the Black Death ravaged the country, and the consequent reduction of the population led to a number of economic and social changes. A seminal event was the Kalmar Union established in 1397, merging Denmark, Norway, and Sweden under the Danish Queen Margrete I. The union lasted until Sweden broke away in 1523. However, Norway remained united with Denmark until 1814, and Norway's former possessions, the Faroe Islands, Greenland, and Iceland were also part of the union. Iceland declared its independence in 1944, Greenland obtained independence in 2009, and the Faroe Islands still remain a part of the Danish kingdom as a self-governing nation.

In 1536, Christian III was named king. At the same time, the church broke away from Catholicism and became a Lutheran church, adhering to the Protestant religion. Sweden was intent on challenging Denmark's position as the leading Baltic power, and this led to six wars between 1563 and 1720. Christian IV weakened the country by his unsuccessful participation in the Thirty Years War from 1625–1629, and this led to a struggle for survival in the ongoing conflicts with

Sweden. As Denmark lost land and momentum, The Netherlands and England intervened and retained the country's independence at the cost of ceding all the Scandinavian provinces and reducing the area of the kingdom by almost a third.

As a consequence of the disasters, a hereditary monarchy was created in October 1660 leading to the establishment of Absolutism, and the popular Frederik III gained absolute power. In the course of a lifetime, Denmark was transformed from a self-managing medieval society, divided into estates, to a modern bureaucracy. Legislation was standardized as all laws were collected in a systematically organized statute book, Christian V's *Danske Lov* 1683. These statutes applied to the whole country and replaced the old provincial laws. Absolutism was abolished in 1848, and a democratic constitution was born in 1849.

The late 18th century saw extensive agricultural reforms that created an entirely new class of independent farmers spearheading folk high schools and the co-operative movement. They were also the foundation for the liberal party, *Venstre*, which came into power in 1901 and has held the political power at various times since then.

During the Napoleonic Wars, Denmark lost its fleet and Norway and was reduced to only Denmark itself and the German duchies of Schleswig and Holstein. The Three Years' War with Germany (1848–1851) ended with a Danish victory insofar as the duchies remained part of the Danish united monarchy. However, in 1864 Denmark suffered a humiliating defeat resulting in the ceding of both duchies. This meant that, once again, the nation had lost almost a third of its total area and population. At the same time, some 200,000 Danes were left south of the new border, and they did not return until after a plebiscite in 1920.

National regeneration was begun under the motto: "What is outwardly lost must be inwardly gained," focusing on reclaiming moorland and shifting to livestock farming. At the same time, industrialization had enabled the rise of the first Social Democrats elected to the Danish parliament, *Folketinget*. In 1884, the pattern of political compromise among many different parties in the parliament was thus established.

Denmark remained neutral during World War I, but in spite of attempts at neutrality in World War II, Denmark was occupied by the Germans on April 9, 1940. The government reluctantly began collaboration with the occupying power, but British-backed popular resistance increased to such an extent that this policy collapsed in August 1943. The government resigned, and the illusion of a peaceful occupation was shattered. The last eighteen months of the war were characterized by growing armed resistance to the Germans and their increasingly atrocious reprisals. Liberation came on May 5, 1945.

The welfare society can be said to date back to 1963 when industrial exports for the first time surpassed those of agriculture. The welfare program was based on the principle that all citizens have the right to receive legally defined, assured social benefits. The welfare model is characterized by a highly developed social safety net and heavy taxation.

As seen in this brief overview, Denmark's current shape and extent is the result of wars, conflicts, victories, and defeats. Denmark has always held an important position as the gateway to the Baltic Sea, and today extensive immigration is changing what used to be a very homogenous society. The inability of the political parties to muster an absolute majority has made compromise a condition of political life, and the social welfare program supplemented by the Lutheran State Church has created a stable and prosperous country.

Denmark has two officially recognized national anthems: *"Der er et yndigt land"* ("There is a Lovely Land") with words by Adam Oehlenschläger (1819) and melody by H. E. Krøyer (1835) and *"Kong Christian stod ved højen mast"* ("King Christian stood at the tall mast") with words by Johannes

Ewald (1779) and melody by an unknown composer.

According to legend, the Danish flag, *Dannebrog*, fell from the sky during a battle in Estonia on June 15, 1219. While the flag is officially flown on national holidays, civilian Danes fly the flag at their homes on festive occasions of both a family and official nature.

POLITICS AND GOVERNMENT

Denmark is a democracy based on *Danmarks Riges Grundlov* (The Constitution of the Kingdom of Denmark) from June 5, 1953. In 1849, absolutism was ended, and a bicameral parliament was introduced guaranteeing human rights through a constitution. In 1953, the existing unicameral Parliament, *Folketinget*, was established, continuing the system of parliamentary, democratic government. The monarch, currently Queen Margrethe II (since 1972), functions as a figurehead with ceremonial and formal roles and represents Denmark abroad.

Folketinget consists of 179 members, including two from the Faroe Islands and two from Greenland. The members are elected based on an electoral system instituted in 1918 combining proportional representation with elections in individual constituencies. Since 1978, the voting age has been eighteen.

The government is formally appointed by the Queen and consists of a Prime Minister and a Cabinet. The Cabinet members have their own departments, and their numbers may vary. In 2022, there were twenty ministers including the Prime Minister, of which seven were women.

Elections to *Folketinget* take place at least every four years, but the Prime Minister has the right to dissolve *Folketinget* and force an election. Most governments since World War II have been minority governments forced to compromise, often case by case. At the moment, *Folketinget* comprises sixteen different parties of which *Socialdemokraterne* (the Social Democrats) is the largest, followed by *Venstre* (the Liberal Party).

At the beginning of the 20th century, a four-party system had developed with *Det Konservative Folkeparti* (The Conservative Party), supported by townspeople and large farmers; *Venstre* (The Liberal Party), supported by farmers; *Det Radikale Venstre* (The Social Liberal Party), supported by small landholders and intellectual opposition groups; and *Socialdemokratiet* (The Social Democratic Party), supported by the workers. This system remained intact until the late 1960s when a number of new (protest) parties entered the scene, most notably *Fremskridtspartiet* (The Progress Party), *Centrum-Demokraterne* (The Center Party), and *Kristeligt Folkeparti* (The Christian People's Party). In 2001, another change took place as *Dansk Folkeparti* (The Danish People's Party), strongly conservative, became a substantial element in *Folketinget*. In 2022, Folketinget comprises: The Social Democrats, Venstre, Socialist Folk-Party, Radical Venstre, Unity-List, The Conservative Folk Party, The New Bourgeoisie, Liberal Alliance, The Free Green, The Alternative, The Christian Democrats, Inuit Ataqatiqiit, Siumut, Sambandsflokkurin, Javnaðarflokkurin (my literal translations).

DENMARK AND ITS AFFILIATIONS: UN, NATO, EU

Following World War II, Denmark became one of the founding members of the United Nations in 1945. In 1949, it joined NATO, along with Norway, and thereby finally abandoned the policy of neutrality to which it had adhered since 1864.

Realizing that its economy was increasingly dependent on international relations, Denmark joined the European Free Trade Association (EFTA) in 1960, and in 1973, following a referendum, Denmark joined the European Union (EU). In both cases, Denmark went along with Great Britain, one of its major trade partners. Continued membership in the EU is a relentless topic of debate, with the country divided into two camps of almost similar size.

The proposed adoption of the Maastricht Treaty in 1992 was initially defeated, and only after being allowed various exceptions did Denmark accept the treaty, which involves increased integration. Another referendum in 2000, concerning participation in the shared currency, the Euro, was also defeated, which again reflects the ambivalent attitude about a united Europe embraced by the Danes.

RELIGION

In Denmark, Church and State are not separated. The established state church, *Folkekirken*, is the Evangelical Lutheran Church, which compares most closely to the Methodist church in the U.S. Religious matters are covered by the Constitution, and there is a Ministry for Ecclesiastical Affairs. There is undisputed freedom of religion, speech, and assembly, and the church is financed partly by state funding, and partly by church taxes.

Around 73 percent of the population are members of *Folkekirken*, but there is a multitude of other religious communities, and because of high immigration numbers from Muslim countries, Islam is now the second largest religion in Denmark with around 300,000 adherents.

A main responsibility for the national church is the civil registration of all citizens in Denmark and the preservation of old registers dating back to the Reformation. There is gender equality in *Folkekirken*, and the various parish councils, composed of members of the congregation, exert a decisive influence on the choices of clergy in their living.

While church attendance on a normal Sunday is habitually low, the national church plays a major role by marking highlights in the lives of its members. At baptism, the child is accepted into the Christian congregation, and this faith is confirmed in 7th grade when Confirmation takes place. Following a year of religious instruction included in the school curriculum, the youngsters celebrate their coming of age with a church ceremony and a large family party. The church is also used for weddings and funerals, and around Christmas and Easter the churches are traditionally crowded. There has been no serious initiative to abolish the State Church in Denmark.

HEALTH AND WELFARE SYSTEM

Denmark is one of the richest countries in the world, and it adheres to the Scandinavian welfare model based on the principle that benefits should be given to all citizens who fulfill certain conditions, regardless of their employment or family situation. This universal welfare system also allots benefits to each individual, but pertaining to sickness and unemployment benefits, the rights are contingent on former employment and sometimes membership in a trade union. The state carries the major share of the financial burden, and for that reason taxation is broadly based and at a high level, with the average taxation rate around 46.5 percent. Another consequence of state involvement is that the state, rather than private organizations, is in charge of the majority of welfare activities.

In Denmark, typically both women and men work, and the country has the highest labor market participation rate in the world. The aim of the welfare state is to take care of the entire population, and this entails insurance against illness, unemployment, and the needs of old age. Furthermore, many social services, such as day care, elder-care, home help, etc., are available to the citizens.

Health care is free for all, but individuals pay part of the cost of medication and special services. Women are entitled to up to a year's employer-paid and state-subsidized maternity leave, and the father is also entitled to several weeks paid leave. Furthermore, extended child health services are available from the birth of a child through the age of eighteen. All families with children under eighteen receive tax-free family allowances, and single breadwinners receive an additional child allowance. Day care, nursery schools, after-school-activities, and extracurricular activities for school children are state subsidized and therefore inexpensive for parents, who only pay up to 30 percent of the cost.

Employees are entitled to unemployment benefits after a year's membership in an unemployment insurance fund and a minimum of twenty-six weeks of work within the last three years. Strong initiatives are taken to ensure full employment, and currently (2022), the unemployment rate is less than 3 percent.

At sixty-five or sixty-seven, all citizens are entitled to a national pension, and this is frequently supplemented by employer paid or private retirement funds. There are also special pensions for people who are close to retirement age, have a disability, or are unable to perform a full-time job.

EDUCATION

Education in Denmark is free from the kindergarten class through post-graduate studies. Furthermore, students at the universities and all institutions of higher learning receive a state-subsidized monthly stipend, currently at around $1000.

Compulsory education from the age of 6-7 and through 7th grade was introduced in 1814, and in 1972 the compulsory education was extended through 9th grade. All children start school at the age of five-six in the kindergarten class that prepares them for regular classes at the age of six-seven. The *Folkeskole* (elementary school) then takes the students through nine years of compulsory education and offers the option of a tenth year. The school is unified and has no streaming but includes educational differentiation within the classes. The curriculum and exams are centrally determined and also apply to the private elementary schools that teach about 16 percent of the children. As an alternative to 8th, 9th, and 10th grade, students can choose an *Efterskole* (a Continuation School), which is a private boarding school for fourteen- to eighteen-year-old students. The general upper secondary education comprises three years of the *Gymnasium* (high school and one to two years of college) leading to *Studentereksamen* or two years leading to the *Højere Forberedelseseksamen* (Higher Preparatory Exam). Both qualify for advanced education at higher levels. Furthermore, there is a choice of two to three years vocational training, leading to either *Højere Handelseksamen* (Higher Commercial Exam) or *Højere Teknisk Eksamen* (Higher Technical Exam). These exams qualify a student for the labor market as well as advanced education.

The two-year FGU, *Forberedende Grunduddannelse* (Preparatory Basic Education), prepares the students, under 25 years of age, for another youth education or the job market. The STU, *Særligt Tilrettelagt Ungdomsuddannelse* (The Specially Planned Youth Education) is for youngsters who are unable to take other youth educations.

The goal of the Ministry of Education is that each year 95 percent of the youngsters graduating from 9th grade will have a secondary education. There is a pdf file on the Ministry of Education website at The Danish Education System (Uddannelses-og Forskningsministeriet ufm.dk) that gives a good overview of the educational system.

Folkehøjskoler (Folk High Schools) provide boarding while teaching general subjects for adults and youngsters. Based on the philosophy of N.F.S. Grundtvig, these schools were first established in 1844 and are part of a tradition of lifelong learning.

THE ROYAL FAMILY

The Danish monarchy is one of the oldest in the world, dating back to the first king, Gorm the Old, mentioned for the first time in 936 AD. The unbroken line of kings and queens can be found at the Royal Family's home page: www.kongehuset.dk.

As it states on the Web site: "The two large houses of the Danish Monarchy are the House of Oldenborg and the House of Glücksborg. In 1863, the House of Glücksborg succeeded the House of Oldenborg. The present Royal Family are the direct descendants of the House of Glücksborg."

A majority of the Danes happily embrace the constitutional monarchy and perceive the Royal Family as excellent ambassadors for Denmark. The members of the Royal House are paid an annual, tax-free stipend to carry out their official duties, which include traveling, hosting foreign visitors, such as heads of state and ambassadors, promoting Denmark in trade and political contexts, and maintaining the royal castles. Queen Margrethe II is well educated, has worked as a translator and has demonstrated that she is a versatile artist. Her annual New Year address is a personal statement to the population that has increased her popularity. Her motto is: God's Help—the People's Love—Denmark's Strength.

Her oldest son, Crown Prince Frederik, received a degree in political science from Aarhus University in 1995 and has combined training as an officer in the defense forces and as a Navy Seal with his studies. He married the Tasmanian Mary Elizabeth Donaldson in 2004; in 2005 she gave birth to a new heir to the throne Prince Christian, and in 2007 she gave birth to a daughter, Isabella. In 2011, she gave birth to the twins Vincent and Josephine.

Famous Danes

Many Danes have left their mark on history, but, naturally, it is impossible to mention them all. What follows is, therefore, a brief highlight of some of the most famous names, in chronological order.

Tycho Brahe, 1546–1601, was the greatest astronomer before the invention of the telescope. He established modern observational astronomy and doubled the accuracy of astronomic data. His belief in accurate observations led him to build Uranienborg and Stjerneborg on the island of Hveen (in between Denmark and Sweden) where he constructed enormous instruments to reach a higher level of accuracy. His career began when he observed a new shining star in Cassiopeia, and through exact measurements proved that this was, indeed, a new star. His book was called *De Stella Nova*, borrowing the Latin word *nova* to mean a sudden, bright star. His work was financed by King Frederik II, but after the king's death, Tycho Brahe moved to Prague where he continued his work until his death.

Ole Worm, 1588–1654, was a polymath who studied, taught, and practiced medicine all through his life. Concurrently, he collected minerals, plants, and animals, as well as artifacts, antiques, and ethnographic objects. He strongly adhered to empiricism and punctured several myths, most notably the one about the unicorn horn being an antidote for poison. Furthermore, he collected rune stones and runic inscriptions, and he established a large museum called Museum Wormianum, which was unique for its time.

Hans Christian Ørsted, 1777–1851, one of the leading scientists of the nineteenth century, played a crucial role in understanding electromagnetism. In 1820, he discovered that a compass needle deflects from magnetic north when an electric current is switched on or off in a nearby wire. This showed that electricity and magnetism were related phenomena, a finding that laid the foundation for the theory of electromagnetism and for the research that later created such technologies as radio, television, and fiber optics. The unit of magnetic field strength was named the Oersted in his honor.

Nikolai Frederik Severin Grundtvig, 1783–1872, the son of a Lutheran pastor, was brought up in a very religious atmosphere, schooled in the tradition of the European Enlightenment, and influenced by the history of the Nordic countries. He is the ideological father of the *Folkehøjskole* (Folk High School) and advocated reforming higher education so that instead of educating learned scholars, it should educate its students for active participation in society and popular life. Practical skills as well as national poetry and history should form an essential part of the instruction. Grundtvig felt that to be enlightened, to live a useful and enjoyable human life, most people did not need books at all, but only a genuinely kind heart and sound common sense. He wanted to ensure that common people were enlightened and took part in a lifelong learning experience with the motto: "The School for Life."

Søren Aabye Kierkegaard, 1813–1855, is considered the major Danish philosopher and father of religious existentialism. He spent his life thinking and writing, initially under pseudonyms, but towards the end he acknowledged his works with his own name. Using pseudonyms allowed him to juxtapose the theological, philosophical, and psychological themes in a dialectic process that earned him the name of the father of existentialism. He spoke directly to "the individual," exhorting people to find their own path to a good life through his three stages: the aesthetic, the ethic, and the religious. He was an incredibly prolific writer, and two of his best-known works are *Enten-Eller* (*Either-Or*) (containing *Forførerens Dagbog* (*The Diary of a Seducer*)) and *Frygt og Bæven* (*Fear and Trembling*).

Hans Christian Andersen, 1805–1875, may well be the Dane best-known all over the world. His tales have been translated into more languages than any other writing, and the statue in Copenhagen of The Little Mermaid, inspired by his tale, each year has more than a million visitors. Young and old enjoy his imagination, and Walt Disney used him as the source for many of his movies. Born to poor parents, he struggled to get an education and have his talent recognized. In 1829, he had his literary debut, and at the end of his life he had produced around 160 tales, numerous novels, poems, and plays. He traveled continuously both abroad and around Denmark, staying primarily in private houses with friends or other authors. He never married and had no children, but his legacy lives on in his inspired writings that appeal to everyone.

Karen Blixen, 1885–1962, used the pseudonym Isak Dinesen when writing in English, and also wrote as Pierre Andrezel. She was born at Rungstedlund, married her cousin Baron Bror von Blixen, and moved with him to Kenya where they ran a coffee farm that she took over after her divorce in 1925. In 1931, she returned to her native home and started writing. After she reached fame and recognition, she traveled extensively, and especially loved the United States. One of her best-known works is *Den Afrikanske Farm* (*Out of Africa*).

Niels Bohr, 1885–1962, is famous for his investigations of atomic structure and also for work on radiation, which won him the 1922 Nobel Prize for physics. After graduating from the University of Copenhagen, he did research in England with Ernest Rutherford and published a description of the structure of the atom in 1913 that was later labeled The Bohr Model. In 1916, he became a professor of physics at the University of Copenhagen, but during World War II he had to flee the country and ended up in the United States. There, he participated in the Manhattan project that led to the development of nuclear weapons. After the war, he spent considerable time advocating the peaceful use of atomic energy and the complete, open, and mutual sharing of knowledge about nuclear power. He was one of the very few nonroyal Danes who became a Knight of the Order of the Elephant.

VISITING DENMARK

Apart from beautiful countryside, bustling big cities, and quaint rural towns, Denmark also offers the visitor many exciting and cultural experiences. The Royal Ballet is famous worldwide, and the many museums exhibit great art by older as well as contemporary artists. For low budget visitors, the Danish youth hostels are highly recommended, as they are clean, comfortable, and inexpensive. Information can be found at their Web site: www.danhostel.dk.

When planning a trip to Denmark, the official tourist Web site is a well of information, www.visitdenmark.com, and, of course, the Danes are helpful and friendly—and most of them speak English!

GREENLAND AND THE FAROE ISLANDS

Greenland is the largest island in the world, and its inland ice is the second largest ice cap in the world. Greenland was colonized by the Icelander Erik the Red in 985, and his settlements remained till the middle of the 15th century. When Denmark, Norway, and Sweden were united in 1397, the former Norwegian possessions in the North Atlantic, including Greenland, came under Danish rule. Several explorers and missionaries visited Greenland, with Knud Rasmussen and Hans Egede as some of the most distinguished. During World War II, a defense agreement with the United States saw the establishment of The Sirius Sledge Patrol that is responsible for maintaining and protecting the sovereignty of the Danish state in the unpopulated areas in northeast Greenland. The 1953 Constitution applies to Greenland and the Faroe Islands. In 1979, Greenland achieved Home Rule, and *Landstinget* was established, creating the government body called *Landsstyret*. Greenland obtained independence in 2009. In 2022, the population was 56,973 with 14,798 living in the capital, Nuuk. Of these residents, 50,397 were born in Greenland, and 51,051 have a strong hereditary tie to Greenland, which constitutes more than 90 percent of the population.

The Faroe Islands consist of eighteen islands almost midway between Norway, Iceland, and Scotland. The islands were formed by volcanic rock that has limited agriculture. Fishing has always been the main trade, but bird hunting is still popular. The islands were settled in the early 9th century by Vikings, and in the 11th century the islands became a Norwegian fiefdom. Although the islands are still part of the kingdom of Denmark, they achieved Home Rule in 1948 and are managed by *Lagtinget*, a democratically elected legislative assembly, and the government, which is called *Landsstyret*. In 2022, the population was 49,233 of which 13,637 lived in the capital Torshavn, and 5,247 in the second largest town, Klaksvik.

Aros (Århus) and its History

by Archaeologist, Cand. Mag. Anne Birgitte Gebauer

Aros as market place

The town of Aros originated as a market place around 770 AD. The word "Aros" means "river mouth" indicating the importance of the natural harbor. A trade center developed here at this junction of landward and seaward traffic. Local shipping took place along the Aros River, people and goods moved on foot, by horse, or by wagon along the north-south running road through eastern Jutland, and overseas trade flourished within the Kattegat region, including other parts of Denmark, the west coast of Sweden, which was at that time a part of Denmark, and Norway. Exotic imports from Norway included ivory from walrus teeth, grinding stones, whetstones, and high demand cooking pots made from steatite (soapstone). The location of the town of Aros, on a sandy promontory surrounded by water, was fortuitous in terms of defense. Access to the marketplace was limited by the Aros River to the south, another stream to the north, and a swamp to the west.

Aros as stronghold and money machine of the king

On the order of King Gorm the Old, Aros was fortified by earthen ramparts, wooden palisades, and moats in 934 AD. Reinforcements of these fortifications took place during the second half of the 10th century during the reign of Harald Bluetooth. A U-shaped rampart circumvented the town toward land, to the south, west, and north. Moats reinforced the boundary to the west and north. A wooden palisade covered the front of the rampart on the outside, a wicker wall and a track road ran along the inside perimeter. Access from the sea was controlled by underwater stockades. In addition, navy strongholds in the region controlled seawards access to the bay of Aros. The king provided this military might as a means of controlling the region politically and protecting the trade. Fees and taxes paid by the merchants and their customers in return provided an important part of the royal income. Similar fortifications were built around Ribe and Hedeby, the only other Danish towns dating this far back. In addition, four military camps with circular ramparts were built at the same time in northern Jutland, on Funen, and southern Zealand. Ramparts at the southern and most narrow part of the Jutland peninsula were reinforced and expanded as protection against attacks from the Continent. Several political threats might have provoked this militarization: pressure from the German emperors Otto I and II, raiding by Norwegian Vikings, and rivalry for power within Denmark. In 965 AD, Harald Bluetooth erected a runic stone in Jelling commemorating his parents, Gorm and Thyra, and proclaiming himself the king of Denmark and Norway. However, this might have been part propaganda given the continued military investments. Harald Bluetooth probably also built the first wooden church at Aros just west of the fortified town center.

Everyday life in Viking age Aros

The Viking age town of Aros had between 500–700 inhabitants. The men earned a living as merchants, artisans, and warriors, or worked as serfs. Trades represented in Aros included pottery production, weaving of textiles, glass bead making, blacksmiths, founders working in iron, bronze, and silver, shipbuilders, people working with bone and antler making combs, pins, and needles. Most exchange was barter; the first coins were minted in Aros in 1030 AD. A few scales indicate that amounts of metal were sometimes used as payment.

Living conditions and economic activities in Aros are reflected in the thick layers of waste that accumulated during Viking age and medieval time. These layers consist of wood, straw, leather, metal, bone, food remains, animal manure, and human waste etc. Animal husbandry also took place within the town. The houses were semi-subterranean pit dwellings that served both as living areas and workshops. Other types of larger houses are known in this time period but have not been found in the excavations in Aros. A pagan burial ground was located in the center of town. A couple of small neighborhoods were located outside the ramparts along roads leading out of town to the north and to the west around the first church. Further west in Viby there was a royal estate at Kongsvang along with a shipyard at the river (Snekkeenge) and a place of worship of the god Tyr called Tyrs Enge (Tyr's Meadows).

Five runic stones have been found in Aros, more than in any other Danish town. These stones were erected between 970 and 1025 AD in honor of important people, indicating the importance and wealth of Aros. The stones mention a warrior, a ship owner, and a serf called Toke Blacksmith, who erected a stone with runic inscription and a Christian cross commemorating the master who set him free.

Aros as cathedral city

While the Viking age town was clearly pagan, the Christian church wanted to expand the missionary work to this important center. Already in 948 AD, Reginbrand was named as the first bishop of Aros at a synod in Ingelheim, Germany, but he might never have reached Aros. The first wooden church was probably built late in the 10th century. It was ransacked and rebuilt in stone around 1060 AD. Two other churches were built during the 12th century further west and north of the old Aros. Thus, the earliest churches in Aros were all built outside the fortified center. In 1191 AD, a powerful man, Peder Vagnsen, became bishop of Aros. At the same time, the area inside the ramparts appears to have been transferred from the king to the church, and Aros went from being a royal stronghold to becoming an ecclesiastical center. A large cathedral made of red brick was built within the ramparts. A cemetery, a bishop's palace, a school, and various houses for the clergy surrounded the cathedral. The choice of St. Clement, the patron saint of sailors, as patron of the new cathedral and Aros indicates the continued importance of trade and shipping until today.

Aros in the modern cityscape

The relocation of the cathedral to the city center meant a complete restructuring of the town plan with a new layout of cobblestone streets and an open square that served as a marketplace. The structure of the inner part of *Aarhus* today dates back to this 13th-century city renovation. The ramparts stayed in place until 1477, and the city gate (*Borgporten*) until 1683. The presence of the Viking age fortification is reflected in the new town plan as well as some of the street names. The elevation of "Kannikegade" reflects that this street runs on top of the southern rampart. Other parts of the Viking age rampart are indicated by streets named *Volden* (the Rampart) and *Graven* (the Moat).

Aros Today

Today, Aros has turned into a very modern Aarhus. The suburbs are constantly spreading as the city's population increases. In 2011, Aarhus Docklands became a reality with the first student housing and apartment buildings constructed "in the water." This expansion of the city's area into the Bay of Aarhus has facilitated the construction of many high-rises both for residential purposes and for industries. In 2017, a light-rail transit system was opened, and there are plans to expand it to include more suburbs and cities. Aarhus is *Smilets By* — The City of Smiles, and it keeps growing and developing happily.

Alphabet and Pronunciation

The Danish alphabet has twenty-nine letters:

A	a		G	g		M	m		S	s		Y	y
B	b		H	h		N	n		T	t		Z	z
C	c		I	i		O	o		U	u		Æ	æ
D	d		J	j		P	p		V	v		Ø	ø
E	e		K	k		Q	q		W	w		Å	å
F	f		L	l		R	r		X	x			

VOWELS

Danish has nine vowels: a, e, i, o, u, y, æ, ø, å. They may be long or short, open or closed. (Note: The Danish word is in italics.)

Danish Letter	Comparative Pronunciation	Examples
Short **a**	Almost like hat	*nat* night, *kat* cat
Long **a**	Almost like a long [a] in bathe	*gade* street, *bade* bathe
Short **e**	Almost like set or zealot	*ved* by, *fedt* fat, *set* seen
Long **e**	Almost like **eeh**, or German **beten**	*lede* look, *vrede* anger
Short **i**	Almost like w**i**t	*mit* mine, *dit* yours
Long **i**	Almost like s**ee**	*lide* like, *vide* know
Short **o**	Almost like l**o**ck	*stok* stick, *nok* enough
Long **o**	Almost like t**oe**, or German b**oot**	*kjole* dress, *skole* school

Short **u**	Almost like **took**	*hund* dog, *kunne* could
Long **u**	Almost like **boo, fool**	*ude* outside, *pude* pillow
Short **y**	Like French t**u**, say [**ee**] and then round the lips	*lytte* listen, *hytte* hut
Long **y**	Like the short sound but long	*lyde* sounds, *nyde* enjoy
Short **æ**	Almost like **pet**	*sæt* set, *mæt* full of food
Long **æ**	Like the short sound but long	*glæde* happiness, *læse* read
Short **ø**	Almost like a mixture of [**eh**] and the vowel sound in g**oo**d	*tø* melt, *høns* chickens
Long **ø**	Like the short sound but long, like French c**oeur**	*løse* solve, *bøde* ticket
Short **å**	Almost like a short b**ow** or h**o**rrid	*tå* toe, *få* get
Long **å**	Like the short sound but long	*våde* wet, *håbe* hope

If followed by a double consonant, the vowel is usually short: *sidde* (sit), *læsse* (load), *pudder* (powder), *laddet* (platform).

CONSONANTS

Danish has twenty consonants: b, c, d, f, g, h, j, k, l, m, n, p, q, r, s, t, v, w, x, z.

Letter	Comparative Pronunciation	Examples
b	Like **b** in baby	*barn* child, *bade* bathe
c	In front of: e, i, y, æ, ø: like **s** In front of a, o, u: like **k** **ch** is like [**sh**]	*cigar* cigar, *cykel* bicycle *café* café *chance* prospect

d	Hard **d**: like dog
	Soft **d**: like th — in front of an
	    unstressed e and at the end
	    of a word
		dør door, *dig* you
		lede lead, *side* page
		ved know, *bid* bite

f	Like **f** in fun	*far* father

g	Hard **g**: like gone
	Soft **g**: like y pronounced in
	    young
	At the end of a word, it is
	    almost like the dipthong in
	    low = [**lou**w]
		gave present
		lige just, *kage* cake
		
		tog train

h	Like **h** in hand In front of v and j, it is silent	*hund* dog *hvor* where, *hjerte* heart
j	Like **y** in young	*jakke* coat, *ja* yes
k	Like **c** in can The k is not silent in front of n	*kende* know *kniv* knife, *knust* broken
l	Like **l** in like	*lang* long, *lille* little
m	Like **m** in me	*mor* mother, *time* hour
n	Like **n** in no	*nej* no, *line* line
p	Like **p** in put	*pande* pot, *op* up
q	Like [**kv**] in lakeview	*quilt* quilt

r	May be difficult to pronounce. It is not rolled, but a fricative formed at the back of the mouth, in the beginning of a word and after a consonant, close to [**ehr**].	*rigtig* right, *vred* angry
	After a vowel, it is not clearly audible but makes the vowel more open, almost like [**eh**].	*øre* ear, *vare* last
	Unstressed –er is like a short [**a**]	*kommer* comes
s	Like **s** in see	*sove* sleep, *læse* read
t	Like **t** in today	*tale* speak, *sætte* set
v	Like **v** in very In the middle of a word, like [**w**]	*vi* we, *vokse* grow *over* over, *av* oh
w	Like **v** in very	*wienerbrød* Danishes
x	Like **s** at the beginning of a word Like [**ks**] after a vowel	*xylofon* xylophone *Alexander* Alexander
z	Like **s** in see	*zar* czar, *benzin* gas

By looking in a dictionary, it will become clear that **c**, **q**, **w**, **x**, and **z** are only used rarely and primarily in words of foreign origin.

Lektion 1
Velkommen til Danmark

Lesson 1
Welcome to Denmark

Christine læser[1] på et universitet i U.S.A. Hun kommer til Danmark i august. Vibeke og Michael Jensen henter hende ved bussen.	Christine studies at a university in the U.S. She comes to Denmark in August. Vibeke and Michael Jensen pick her up at the bus.
Vibeke: *Hej Christine. Velkommen til Danmark. Jeg hedder Vibeke,[2] og det er Michael.*	Vibeke: Hi, Christine. Welcome to Denmark. My name is Vibeke, and this is Michael.
Michael: *Hej Christine. Jeg er glad for, at du kommer og bor hos os.*	Michael: Hi, Christine. I am happy that you are coming to live with us.
Christine: *Hej Vibeke og Michael. Det er hyggeligt at møde jer. Jeg glæder mig til at være i Århus i lang tid. Jeg taler kun lidt dansk.*	Christine: Hi, Vibeke and Michael. It is nice to meet you. I look forward to being in Aarhus for a long time. I only speak a little Danish.
Vibeke: *Ja, og vi taler kun lidt engelsk! Er du træt?*	Vibeke: Yes, and we only speak a little English! Are you tired?
Christine: *Ja, jeg er lidt træt efter rejsen.*	Christine: Yes, I am a little bit tired after the trip.
Michael: *Vi kører hjem nu, så du kan sove lidt. Du er snart frisk igen. Har du bagagen?*	Michael: We will drive home now, so you can sleep a bit. You will soon be well again. Do you have the luggage?
Christine: *Nej, der er en kuffert mere. Der er den.*	Christine: No, there is one more suitcase. There it is.

Vibeke:	Vibeke:
Jeg tager den, og så går vi.	I'll take it, and then we'll go.
Michael:	Michael:
Det er fint.	That is fine.

Fodnoter / Footnotes

1. The verb *at læse* means to read and to study. The Danish verb *at studere*, which also means to study, is rarely used.

2. *"Jeg hedder Vibeke"* means "I am called Vibeke," or "My name is Vibeke." The corresponding question is: *"Hvad hedder du?"* = "What is your name?"

Similar words in Danish and English

Danish and English are closely related. Without looking at the translation of the text, try guessing what the following Danish words mean in English:

studerer	
universitet	
kommer	
august	
bussen	
velkommen	
glade	
du	
os	
lang	
tid	
godt	
lidt	
hjem	

bagagen	
mere	
tager	
går	
fint	

GRAMMATIK / GRAMMAR

Ordstilling / Word Order

Sætninger / Declarative Statements

In Danish, declarative statements follow a direct subject-verb pattern. Adverbs are placed after the verb.

Subject	Verb	Adverb / Negation	Object / Predicate	Place and Time Adverb
Jeg	hedder		Vibeke	
Det	er		Michael	
Vi	taler	kun lidt	engelsk	
Vi	kører		hjem	nu

Spørgsmål / Questions

In Danish, questions are made either with a question word or by inversion of the subject and verb. Danish does not use a form of "to do" to create questions.

The question words can be compared to English in that most of them start with "*hv*" instead of "wh":

hvad	what
hvor	where

hvem	who
hvornår	when
hvordan	how

If we look at the preceding examples of declarative statement, we can make them into questions by inverting the subjects and verbs as follows:

Verb	Subject	Adverb	Object / Predicate	Place and Time Adverb
Hedder	*jeg*		*Vibeke?*	
Er	*det*		*Michael?*	
Taler	*vi*	*kun lidt*	*engelsk?*	
Kører	*vi*		*hjem*	*nu?*

Verber (Udsagnsord) / Verbs

In Danish (almost) all verbs add an –r to the infinitive to create the present tense in all persons, singular and plural. The future tense is the same form as the present tense.

Examples:

Infinitive	Present tense, incl. 3rd ps. sg.		
At komme	*kommer*	to come	comes
At møde	*møder*	to meet	meets
At tale	*taler*	to speak	speaks
At køre	*kører*	to drive	drives
At sove	*sover*	to sleep	sleeps
At tage	*tager*	to take	takes
At gå	*går*	to go	goes

Er is the present tense of the auxiliary verb *at være* = to be. The present tense is *er* in all persons, singular and plural:

jeg	er	I	am
du	er	you	are
han, hun, den, det, man	er	he / she / it one	is
vi	er	we	are
I / De	er	you	are
de	er	they	are

Personlige Pronominer (Personlige Stedord) / Personal Pronouns

The personal pronouns are:

Subject form		Object form and with prepositions	
jeg	I	mig	me
du / De	you	dig / Dem	you
han, hun, den, det, man	he, she, it, one	ham, hende, den, det en	him, her, it, one
vi	we	os	us
I / De	you	jer /Dem	you
de	they	dem	them

N.B. / Note

The pronoun *De* (2nd person singular and plural) is still used in Denmark in formal situations. Members of the older generation may prefer to be addressed with *De* by persons unknown to them and might find *du* rude. *De* may be compared to the British 'Sir' and 'Madam,' and its usage denotes respect and distance. The major part of the population, however, uses *du* as the everyday pronoun when addressing others.

Until the mid 1950s, acquaintances, even friends, had to *drikke dus* (i.e. drink to *du*) before switching to this pronoun. This was done as a formal toast in which the participants linked arms.

ORDLISTE / VOCABULARY

N.B.: Verbs are indicated with the infinitive: læse, at.
    Nouns are indicated with the gender: either n (common
    gender for both masculine and feminine) or t (neuter).

at	that
august	August
bagage, n	luggage
bo, at	live
bus, n	bus
dansk	Danish
den	it, that
der	there
det	that, it
du	you
efter	after
engelsk	English
er	is
fint	fine
frisk	well, "fresh"
glad for	happy, glad
glæde sig til, at	look forward to
gå, at	go
hedde, at	be called
hej	hi
hende	her
hente, at	pick up
hjem, t	home (noun and adverb)

hos	with
hun	she
hyggeligt	nice, cozy, great, cool
i	in
igen	again
ja	yes
jeg	I
kan (at kunne)	can
komme, at	come
kuffert, n	suitcase
kun	only
køre, at	drive
lang	long
lidt	a little
læse, at	study, read
mere	more
møde, at	meet
nej	no
nu	now
og	and
os	us
på	on, at
rejse, n	trip
snart	soon
sove, at	sleep
så	so, then
tage, at	take
tale, at	speak

tid, n	time
til	to
træt	tired
universitet, t	university
ved	at, by
velkommen	welcome
vi	we
være, at	be

UDTRYK / EXPRESSIONS

Velkommen til ...	Welcome to ...
Det er hyggeligt at møde jer.	It is nice to meet you (pl.).
Jeg glæder mig til ...	I look forward to ...
Jeg taler kun lidt dansk.	I only speak a little Danish.
Så går vi.	Then we'll go. / Let's go now.
Det er fint.	It is fine.

ØVELSER / EXERCISES

1. **Indsæt den korrekte form af verbet i nutid.**
   Insert the correct form of the verb in the present tense.

   1. Jeg (at hedde) _____ Christine.
   2. Jeg (at komme) _____ fra U.S.A.
   3. Jeg (at tale) _____ kun lidt dansk.
   4. (At tale) _____ du dansk?
   5. Vibeke og Michael (at bo) _____ i Århus.
   6. De (at køre) _____ hjem.
   7. (At komme) _____ du med bussen?
   8. Han (at møde) _____ Christine fra U.S.A.
   9. Vibeke (at tage) _____ en kuffert.
   10. (At gå) _____ I hjem nu?
   11. (At være) _____ du træt?
   12. Ja, jeg (at være) _____ træt.
   13. Jeg (at sove) _____ efter rejsen.

2. **Lav sætningerne til spørgsmål og spørgsmålene til sætninger.**
   Make the statements into questions and the questions into statements.

   Eksempel / **Example:** Christine læser på Universitetet.
   <u>Læser Christine på Universitetet</u>?

   1. Kommer hun til Danmark? _____
   2. Hun kommer i august. _____
   3. Vi er glade for at møde dig. _____
   4. Er du træt? _____
   5. Er der en kuffert mere? _____
   6. Der kommer den. _____

7. Han taler dansk. _____

8. Bor de i Århus? _____

9. Kører de hjem? _____

10. Det er fint. _____

3. *Lav sætningerne om ved at ombytte pronominerne og ændre pronominet fra subjekt til objekt form.*
Change the statements by switching the pronouns and changing the subject to object form.

Eksempel / **Example: Jeg** kommer og bor hos **dig.**
<u>**Du** kommer og bor hos **mig**</u>.

1. **Jeg** kommer og bor hos **jer.** _____

2. **Du** kommer og bor hos **os.** _____

3. **Han** kommer og bor hos **dem.** _____

4. **Hun** kommer og bor hos **den.** _____

5. **Vi** kommer og bor hos **ham.** _____

6. **I** kommer og bor hos **mig.** _____

7. **De** kommer og bor hos **dig.** _____

8. **Den** kommer og bor hos **hende.** _____

4. *Sæt ordene i den rigtige ordstilling.*
Place the words in the correct order.

1. kommer   og   hun   bor   os   hos

_____

2. nu   glad   jeg   er

_____

3. i   rejsen   Århus   du   efter   er

_____

5. *Oversæt til dansk.*
   Translate into Danish.

She studies at the university.

_____

She comes from the U.S.

_____

I am called Christine.

_____

She is called Vibeke.

_____

They are happy to meet her.

_____

You only speak a little Danish.

_____

Michael picks up Christine at the bus.

_____

She lives with us for a long time.

_____

I am tired. Are you tired?

_____

10. She sleeps after the trip.

_____

11. There it is.

_____

12. She is going now.

_____

13. Do we have the luggage?

_____

14. Are you taking the suitcase?

_____

(See answer key, pages 277–278.)

Lektion 2
Christines Familie

Lesson 2
Christine's Family

Familien Jensen bor i Århus. De har et hus i nærheden af Risskov.[1] Huset er ikke stort, men der er en dejlig have.

Vibeke:
Se her, Christine, Her bor vi. Det er vores hus.

Christine:
Det er et pænt hus. Det er rødt. Er alle huse i Danmark røde?

Michael:
Ja, de fleste huse i Danmark er af røde eller gule mursten med rødt eller sort tag. Der er ikke mange træhuse her.

Vibeke:
Kom indenfor og sig hej til Mattias og Pernille. Mattias er vores søn, og Pernille er hans kæreste.[2]

Mattias:
Hej Christine. Jeg hedder Mattias. Jeg er glad for, at du skal bo her i et år. Vi skal nok[3] få det sjovt. Det er min kæreste Pernille.

Pernille:
Hej Christine. Velkommen til Århus.

The Jensen family lives in Aarhus. They have a house near Risskov. The house is not big, but there is a lovely garden.

Vibeke:
Look here, Christine. This is where we live. This is our house.

Christine:
It is a nice house. It is red. Are all houses red in Denmark?

Michael:
Yes, most houses in Denmark are of red or yellow bricks with a red or black roof. There are not many wooden houses here.

Vibeke:
Come inside and say hi to Mattias and Pernille. Mattias is our son, and Pernille is his girlfriend.

Mattias:
Hi, Christine. My name is Mattias. I am happy that you will be living here for a year. We will surely have fun. This is my girlfriend Pernille.

Pernille:
Hi, Christine. Welcome to Aarhus.

Christine: *Tak. Det bliver sjovt at lære jer at kende. Jeg håber, I kan vise mig Århus.*	Christine: Thanks. Getting to know you will be fun. I hope you can show me Aarhus.
Vibeke: *Ja, det kan de helt sikkert. Men først vil jeg vise dig dit værelse. Her er det.*	Vibeke: Yes, they can surely do that. But first I want to show you your room. Here it is.
Christine: *Sikke et dejligt værelse. Det er en pæn seng og et flot skrivebord. Jeg kan også godt lide de søde billeder på væggen og de stribede gardiner.*	Christine: What a lovely room. It is a nice bed and a great desk. I also like the cute pictures on the wall and the striped curtains.
Michael: *Det er vores ældste søns værelse. Han læser på Universitetet i København. Du møder ham, når han kommer hjem.*	Michael: It is our eldest son's room. He studies in Copenhagen at the University. You will meet him when he comes home.
Christine: *Har han et hus i København?*	Christine: Does he have a house in Copenhagen?
Mattias: *Nej, min bror bor i en lille lejlighed. Det gør Pernille også.*	Mattias: No, my brother lives in a small apartment. So does Pernille.
Pernille: *Ja, jeg bor midt i byen i en meget lille 1-værelses lejlighed. Men den har et nyt badeværelse og køkken.*	Pernille: Yes, I live in the middle of the city in a very small one-room apartment. But it has a new bathroom and kitchen.

Christine: *Har I flere børn?*	Christine: Do you have any more children?
Vibeke: *Nej, vi har kun Mattias og John. Mattias er den yngste, og han bor stadigvæk hjemme. John er den ældste, og han læser til ingeniør.*	Vibeke: No, we only have Mattias and John. Mattias is the youngest and he still lives at home. John is the oldest, and he is studying to be an engineer.
Michael: *Han kommer tit hjem og besøger os og sine bedsteforældre. Vi har en ekstra seng i kontoret, så der er god plads til ham.*	Michael: He often comes home to visit us and his grandparents. We have an extra bed in the office, so there is plenty of room for him.
Mattias: *Ja, og vi er også heldige, fordi vi har to badeværelser. Det er rart, når vi alle sammen skal af sted om morgenen.*	Mattias: Yes, and we are also lucky because we have two bathrooms. That is nice when we all have to leave in the morning.
Vibeke: *Nu skal vi have en kop te. Så kan Christine tage et brusebad og sove lidt bagefter.*	Vibeke: Now, let us have a cup of tea. Then Christine can take a shower and sleep a bit afterwards.
Christine: *Ja tak, det lyder godt.*	Christine: Yes please, that sounds good.

Fodnoter / Footnotes

1. Risskov is a suburb of Aarhus located near a forest and the coastline with several sandy beaches.

2. *Kæreste* means literally "dearest" and is used to designate either steady girlfriend or steady boyfriend. It encompasses all the denotations of "partner" and can also be used by same-sex couples.

3. *Nok* is a "filler word" which can change meaning depending on its context. Here it means "certainly," "surely," "indeed."

GRAMMATIK / GRAMMAR

Substantiver (Navneord) / Nouns

In Danish, nouns are either common or neuter gender. Common gender is a combination of masculine and feminine gender and is indicated by the indefinite article *en* (a / an), so these words are called n-words. Neuter gender is indicated by the indefinite article *et* (a / an), so these words are called t-words. Seventy-five percent of nouns are n-words. There is no rule of thumb to help you remember the gender of a noun, so it is necessary to memorize the gender along with the word.

Nouns are conjugated in the definite and indefinite, singular and plural. The definite form of the noun is formed by adding *-n*, *-en*, *-t*, or *-et* to the indefinite form:

Indefinite singular		Definite singular	
En seng	A bed	*sengen*	The bed
En have	A garden	*haven*	The garden
En søn	A son	*sønnen*	The son
Et hus	A house	*huset*	The house
Et kontor	An office	*kontoret*	The office
Et badeværelse	A bathroom	*badeværelset*	The bathroom

Adjektiver (Tillægsord) / Adjectives

The basic form of the adjective is the 'n-form' which is used with n-words in the indefinite singular:
    stor – en stor seng (big – a big bed)

The n-form is also used as a predicate with n-words:
    Sengen er stor. (The bed is big.)

And it is used with personal pronouns in the singular:
Han er sød. (He is sweet.)
Jeg er stor. (I am big.)
Du er glad. (You are happy.)

With a t-word, a 't' is added to the adjective creating the 't-form'
in the indefinite singular:
stor – et stort hus (big – a big house)

The t-form is also used as a predicate with t-words:
Huset er stort. (The house is big.)
And it is used with the pronoun *det* (it):
Det er stort. (It is big.)

In the plural, an 'e' is added to the adjective creating the
'e-form,' both for common and neuter gender.
In the indefinite plural:
stor – store senge, store huse (big – big beds, big houses)
In the definite plural:
stor – de store senge, de store huse (big – the big beds, the
big houses)

An 'e' is also added in the definite singular, using *den* and
det (the), for both genders:
den store seng (the big bed); *det store hus* (the big house)

The e-form is used when the adjective is a predicate to words in
the plural:
Sengene er store. (The beds are big.)
Husene er store. (The houses are big.)

The e-form is used with personal pronouns in the plural:
Vi er høje. (We are tall.)
I er søde. (You are sweet.)
De er glade. (They are happy.)

The e-form is used with possessive pronouns:
min store seng (my big bed)
dit store hus (your big house)
hans store have (his big garden)

And, finally, the e-form is used with the possessive form of nouns (the genitive):
Christines store seng (Christine's big bed)
Vibekes gamle hus (Vibeke's old house)
Note: In Danish there is no apostrophe in the genitive form of nouns, except with names ending in s:
Mattias' seng (Mattias' bed)

Indefinite singular – n	Indefinite singular – t	Plural
En stor seng	*Et rødt hus*	*store senge – røde huse*
En sort mursten	*Et gammelt tag*	*sorte mursten – gamle tage*
En dejlig have	*Et pænt værelse*	*dejlige haver – pæne værelser*
En sød kæreste	*Et flot skrivebord*	*søde kærester – flotte skriveborde*
En doven søn	*Et sødt billede*	*dovne sønner – søde billeder*
En lille lejlighed	*Et nyt køkken*	*små lejligheder – nye køkkener*

(More on adjectives in Lessons 3 and 4, pages 66, 87.)

Possessive Pronominer (Ejestedord) / Possessive Pronouns

	n-words	t-words	Plural
my, mine	*min*	*mit*	*mine*
your, yours	*din*	*dit*	*dine*
his	*hans*		
her	*hendes*		
one's	*ens*		
its his, her	*dens* *sin*	*dets* *sit*	*sine*
our, ours	*vores*		
your, yours	*jeres*		
their, theirs	*deres*		

Eksempler / Examples:

Her er min seng. (Here is my bed.)
Her er dit hus. (Here is your house.)
Her er mine senge. (Here are my beds.)
Her er dine børn. (Here are your children.)
Her er hans have. (Here is his garden.)
Her er hendes kæreste. (Here is her boyfriend.)
Her er dens ben. (Here is its bone.)
Her er dets mad. (Here is its food.)
Her er vores bøger. (Here are our books.)
Her er jeres værelser. (Here are your rooms.)
Her er deres katte. (Here are their cats.)

Sin, sit and *sine* refer back to the subject in the same sentence in the 3rd person singular.

Hun kysser sin mand. (She kisses her [own] husband.)
Hun kysser hendes mand. (She kisses her [somebody else's] husband.)

Han kysser sin kone. (He kisses his [own] wife.)
Han kysser hans kone. (He kisses his [somebody else's] wife.)

Hun kysser sit barn. (She kisses her [own] child.)
Hun kysser hendes barn. (She kisses her [somebody else's] child.)
Han kysser sit barn. (He kisses his [own] child.)
Han kysser hans barn. (He kisses his [somebody else's] child.)

Hun/han kysser sine børn. (She/he kisses her [own] children.)
Hun/han kysser deres børn. (She/he kisses their [somebody else's] children.)

Sin, sit, sine + a noun can NOT be the subject in a sentence:

Hendes mand er sød. (Her husband is nice.)
Hans kone er sød. (His wife is nice.)
Hans/hendes børn er søde. (His/her children are nice.)

ORDLISTE / VOCABULARY

1-værelses	one-room
af sted	leave, out the door
alle	all
alle sammen	all of us
badeværelse, t	bathroom
bagefter	afterwards
barn, t (børn)	child (children)
bedsteforældre	grandparents
besøge, at	visit
billede, t	picture
brusebad, t	shower
by, n	city

de fleste	most
dejlig	lovely
den yngste	the youngest
ekstra	extra
flere	more
flot	handsome, nice-looking
først	first
gardin, t	curtain
god	good
gul	yellow
gør (at gøre)	does (to do)
hans	his
have, n	garden
hej = goddag	hi, hello = good-day
heldig	lucky
helt sikkert	certainly
hus, t	house
håbe, at	hope
i nærheden af	close to, near to
ikke	not
ja tak	yes thank you
kende, at	know
kontor, t	office
kop te, n	cup of tea
kun	only
kunne lide, at	like
kæreste, n	girlfriend or boyfriend
køkken, t	kitchen
lejlighed, n	apartment
lyde, at	sound

lære, at	learn
mange	many
meget	very
midt i	in the middle of
morgen, n	morning
mursten, n	brick
ny	new
også	also
plads, n	space
pæn	nice-looking
rar	nice
rød	red
seng, n	bed
sig (at sige)	say (to say)
sikke (en/et)	what (a)
sine	his / her(s)
sjov	fun
skal	shall
skrivebord, t	desk (writing table)
sort	black
sove, at	sleep
stadigvæk	still
stor	big
stribet	striped
sød	cute, sweet
søn, n	son
tag, t	roof
tage, at	take
tit	often
træhus, t	wooden house

vise, at	show
vores	our
væg, n	wall
værelse, t	room
ældste	oldest

UDTRYK / EXPRESSIONS

Se her.	Look here.
Kom indenfor.	Come inside, please.
lære jer at kende	get to know you all
Det kan de helt sikkert.	Surely, they will be able to do that. (a reassuring expression)
tage et brusebad	take a shower (the most common form of taking a bath in Denmark)

ØVELSER / EXERCISES

1. *Indsæt den korrekte artikel, en eller et.*
    Fill in the correct article 'en' or 'et' (a / an).

    ____gardin   ____barn
    ____væg   ____mursten
    ____kontor   ____køkken
    ____lejlighed   ____tag
    ____badeværelse   ____billede
    ____træhus   ____søn
    ____kæreste   ____have
    ____by   ____værelse
    ____seng   ____plads
    ____morgen   ____brusebad
    ____kop te   ____skrivebord

2. *Gå fra ubestemt til bestemt form.*
   Change from the indefinite to the definite form of the noun.

   Example:
   Her er en søn med en kæreste.
   <u>Her er sønnen med kæresten</u>.

   1. Her er et hus med en have. _____
   2. Her er et hus med et tag. _____
   3. Det er et køkken med et bord. _____
   4. Et brusebad er i et badeværelse. _____
   5. En seng er i et kontor. _____
   6. Et barn har et værelse. _____

3. *Indsæt den korrekte form af den eller det.*
   Fill in the correct form of 'den' or 'det' (the).

____store hus	____gamle seng
____lille værelse	____søde barn
____røde væg	____sorte tag
____store have	____flotte skrivebord
____nye badeværelse	____pæne køkken
____gule kontor	____stribede gardin
____søde kæreste	____dejlige kop te
____gode morgen	

4. *Gå fra ubestemt til bestemt form.*
   Change from the indefinite to the definite.

   Vibeke har et stort hus.   <u>Vibeke har det store hus.</u>
                                      <u>Det er Vibekes store hus.</u>
                                      <u>Det store hus er Vibekes.</u>

   Christine har et pænt værelse.   _____
                                      _____
                                      _____

Mattias har en sød kæreste.   _____
                               _____
                               _____

Pernille har en lille lejlighed.   _____
                                    _____
                                    _____

Pernille har et nyt køkken.   _____
                               _____
                               _____

Michael har et gammelt hus.   _____
                               _____
                               _____

5. ***Indsæt adjektivet.***
   Insert the correct form of the adjective.

1. Familien Jensen bor i et _____ (gammel) hus.
2. De har en _____ (dejlig) have.
3. Deres hus er _____ (lille).
4. Der er et _____ (stribet) gardin.
5. Der er _____ (sød) billeder på væggen.
6. De har et _____ (rød) hus.
7. Pernille har en _____ (lille) bog.
8. Mattias har et _____ (flot) skrivebord.
9. Vibeke er glad for et _____ (sort) tag.
10. Michael sover i en _____ (stor) seng.

6. ***Oversæt til dansk.***
   Translate into Danish.

1. Christine is very tired.

   _____

2. She likes her room.

   _____

3. She likes the nice curtains.

   _____

4. She is looking forward to getting to know Aarhus.

   _____

5. The house has a black roof.

   _____

6. The wooden house is red.

   _____

7. The family lives near the big city.

   _____

8. They have a nice, big garden.

   _____

9. Can you show me my room?

   _____

10. She lives in a small apartment.

    _____

11. Does he study to be an engineer?

    _____

12. Say hello to my son and his sweet girlfriend.

    _____

13. First she will show her her room.

    _____

14. Her son and his girlfriend are happy.

    _____

(See answer key, pages 278–279.)

Lektion 3
En God Dag

Lesson 3
A Good Day

Michael arbejder med computere. Han har sit eget firma i Århus. Vibeke er lærer på et gymnasium¹ uden for Århus. De har begge to fuldtidsjob. Det er mandag², og de står op kl. 7.³	Michael works with computers. He has his own company in Aarhus. Vibeke is a teacher at a gymnasium outside of Aarhus. They both work full time. It is Monday, and they get up at 7.
Vibeke: Godmorgen Michael. Vil⁴ du have en kop kaffe? Jeg vil have te, men jeg kan også godt lave kaffe til dig.	Vibeke: Good morning, Michael. Would you like a cup of coffee? I want tea, but I can also make coffee for you.
Michael: Godmorgen Vibeke. Ja tak, det vil være alle tiders. Så kan jeg smøre en madpakke til dig, mens jeg venter på kaffen. Gider du godt række mig en kniv? Tak. Vil du have en eller to boller?	Michael: Good morning, Vibeke. Yes, please, that would be great. Then I can make a sack lunch for you while I am waiting for the coffee. Would you hand me a knife, please? Thank you. Would you like one or two rolls?
Vibeke: Jeg vil gerne have to boller. Jeg skal arbejde længe i dag, så du må godt lave en lækker og indbydende madpakke!	Vibeke: I would like two rolls. I have to work late today, so it would be good if you made a delicious and inviting sack lunch!
Michael: Ja, ja, nu må du ikke forvente for meget! Jeg skal gøre mit bedste. Kan du ikke tage noget kød op af fryseren til i aften, så skal jeg nok lave mad. Jeg kommer sikkert hjem før dig.	Michael: Yes, yes, now don't expect too much! I will do my best. Can you take some meat out of the freezer for tonight; then I will cook. I will probably get home before you do.

Vibeke:
Jo, det er helt fint. Her er noget hakket svinekød til karbonader. Jeg går lige i bad og vasker mig, børster tænder, og så cykler jeg af sted. Kan du have en rigtig god dag. Vi ses.

Vibeke cykler på arbejde hver dag. Hun kan godt lide at få motion og røre sig. Michael kører med bus, fordi han er mere doven end Vibeke!
   Michael kommer hjem kl. 17. Så går han i gang med at rydde op og lave mad. Vibeke kommer hjem kl. 17,30, og så kan de spise sammen kl. 18,30. Mattias er ikke hjemme i dag, fordi han er hos Pernille. Men Christine vil gerne spise med.

Christine:
Det ser spændende ud. Hvad er det?

Michael:
Det er karbonader, kartofler, salat og sovs. Vi kan godt lide sund mad.

Vibeke:
Ja, og vi prøver at købe økologiske produkter. De er lidt dyrere men meget bedre og friskere.

Vibeke:
Sure, that is fine. Here is some ground pork for pork patties. I'll just take a shower and get washed, brush my teeth, and then I will ride off on my bike. Have a really good day. See you later.

Vibeke rides her bike to work every day. She likes to get exercise and move. Michael rides the bus, because he is lazier than Vibeke!
   Michael comes home at 5 pm. Then he starts picking up and cooking. Vibeke comes home at 5:30 pm, and then they can eat together at 6:30 pm. Mattias isn't home today because he is at Pernille's. But Christine would like to eat with them.

Christine:
That looks exciting. What is it?

Michael:
It is pork patties, potatoes, salad and gravy. We like healthy food.

Vibeke:
Yes, and we try to buy organic products. They are a bit more expensive, but much better and fresher.

Christine: *Det er rart at spise* *hjemmelavet mad.*	Christine: It is nice to eat home-cooked food.
Michael: *Jamen vi laver da selv mad* *næsten hver aften, hvis vi altså⁵* *ikke skal til møder.*	Michael: But we cook food from scratch almost every day; that is if we don't have to go to meetings.
Vibeke: *Og om sommeren⁶ spiser vi* *mange ting fra haven. Vi dyrker* *grøntsager og bær, og især nye* *kartofler er bare det lækreste.*	Vibeke: And in the summer we eat many things from the garden. We grow vegetables and berries, and especially new potatoes are just the most delicious thing.
Michael: *Om vinteren, når det er* *hundekoldt,⁷ er det rart med* *varm mad. Og så hygger vi* *os tit med varm kakao og* *flødeskum.*	Michael: In the winter when it is freezing cold, it is nice with hot food. And then we often have a good time with hot cocoa and whipped cream.
Christine: *Men er der meget sne her?*	Christine: But is there a lot of snow here?
Vibeke: *Nej, vi får ikke ret meget sne.* *Det er dejligt, hvis det bliver en* *hvid jul. Men det sker desværre* *ikke ofte. Derimod er det tit* *koldt, mørkt og vådt, og dagene* *er meget korte.*	Vibeke: No, we don't get much snow. It is nice if we get a white Christmas. But unfortunately it doesn't happen often. On the contrary, it is often cold, dark, and wet, and the days are very short.
Christine: *Uha, det lyder ikke godt.*	Christine: Oh dear, that doesn't sound good.

Michael: *Nej, men du kan tro, du vil nyde foråret og efteråret. Det er smukke årstider. Nu skal vi have dessert.*	**Michael:** No, but you will really enjoy the spring and the fall. Those are beautiful seasons. Now we are having dessert.
Vibeke: *Tak for mad.⁸ Nu skal jeg lige lave lidt hjemmearbejde til i morgen. Har du også lektier, Christine?*	**Vibeke:** Thank you for the food. Now I just have to do a bit of homework for tomorrow. Do you also have homework, Christine?
Christine: *Nej, vi skal snakke sammen i en uge på Universitetet. Hvornår plejer I at gå i seng?*	**Christine:** No, we are going to talk to each other for a week at the University. When do you usually go to bed?
Michael: *Vi plejer at gå i seng ved 23,30- tiden. Hvad med dig?*	**Michael:** We usually go to bed around 11:30 pm. What about you?
Christine: *Jo, det gør jeg også. Jeg vil gerne lige se lidt fjernsyn først, så godnat.*	**Christine:** Yes, I do that too. I just want to watch a bit of TV first, so good night.
Vibeke og Michael: *Godnat og sov godt.*	**Vibeke and Michael:** Good night and sleep tight.

Fodnoter / Footnotes

1. A gymnasium is the equivalent of the last two years of high school and first two years of college in the United States. Students are admitted following either 9th or 10th grade and spend three years studying both broad and specialized subjects. The graduation exam, called *Studentereksamen*, is the entry requirement for all universities and institutions of higher learning in Denmark. See the section on Education in Denmark (pages 13–14) for more information.

2. The days of the week are: *mandag, tirsdag, onsdag, torsdag, fredag, lørdag, søndag.*

Der er syv dage i en uge. (There are seven days in a week.)
Der er ca. fire uger i en måned. (There are approximately four weeks in a month.)
Der er tolv måneder i et år. (There are twelve months in a year.)

3. *Hvad er klokken?* (What time is it?)
   (See Numbers, page 190.)

12	*Klokken er tolv (middag).*	It is twelve o'clock (midday).
24	*Klokken er fireogtyve (midnat).*	It is twelve am (midnight).
4,10	*Klokken er ti minutter over fire.*	It is ten past four.
9,20	*Klokken er tyve minutter over ni.*	It is twenty past nine.
5,50	*Klokken er ti minutter i seks.*	It is ten to six.
6,40	*Klokken er tyve minutter i syv.*	It is twenty to seven.
2,15	*Klokken er et kvarter / kvart over to.*	It is quarter past two.
7,45	*Klokken er et kvarter / kvart i otte.*	It is quarter to eight.
1,30	*Klokken er halv to.*	It is one-thirty.
10,30	*Klokken er halv elleve.*	It is ten-thirty.

In Danish, pm. time can be indicated in two ways: either by using the 24-hour day, or by indicating with words or from the context that you are talking about afternoon, evening, and night: 7,00 = 7 am; 19,00 = 7 pm.

The hour is indicated thus: *klokken 7* (7 am); *klokken 8* (8 am); *klokken 9* (9 am); etc.

Past the hour is indicated by 'over' : *klokken ti minutter over 7* (7,10); *klokken tyve minutter over 8* (8,20); *klokken femogtyve minutter over 9* (9,25); etc.

Before the hour is indicated by 'i' : *klokken femogtyve minutter i 7* (6,35); *klokken tyve minutter i 8* (7,40); *klokken ti minutter i 9* (8,50); etc.

15 minutes is called *et kvarter:*   7,15 = *et kvarter / kvart over syv*
                                              7,45 = *et kvarter / kvart i otte*

The half hour is called *halv:*   7,30 = *halv otte*
                                               9,30 = *halv ti*

Note: If choosing to say the numbers larger than 12, it is not possible to say *et kvarter / kvart* and *halv*

14,15 = *kvart over to*, NOT *kvart over fjorten*
15,45 = *kvart i fire*, NOT *kvart i seksten*
16,30 = *halv fem*, NOT *halv sytten*
21,30 = *halv ti*, NOT *halv toogtyve*

What time is it? = *Hvad er klokken?*
And the answer is: *Klokken er …*

4.   The modal verbs are: *ville, skulle, kunne, måtte, burde, turde, gide.* (See Grammar, page 68.)

5.   *Altså* is a "filler word" acquiring its meaning from the context. Here it means "that is." It can also mean: "consequently," "therefore," "so," and "really."

6.   *De fire årstider er /* The four seasons are:

en sommer – sommeren (summer)
et efterår – efteråret (fall)
en vinter – vinteren (winter)
et forår – foråret (spring)

om sommeren (in the summer)
om efteråret (in the fall)
om vinteren (in the winter)
om foråret (in the spring)

7.   *Hundekoldt*, literally "dogcold," means really freezing.

8.   *Tak for mad* is a standard courtesy expression said at the end of each meal by the recipient of the food. It is polite to say this and by some considered incredibly impolite to omit it.

GRAMMATIK / GRAMMAR

Adjektiver (Tillægsord) / Adjectives (continued)

Some adjectives do not change form according to gender but only have one form. For example:

moderne (modern)
stille (quiet)
bange (afraid)
spændende (exciting)
rask (healthy)

Lille always stays the same in the singular, but changes to *små* in the plural:

en lille pige (a little girl)
to små piger (two small girls)

The present participle of verbs acting as adjectives has only one form:

irriterende (annoying)
   en irriterende bog (an annoying book)
   et irriterende ord (an annoying word)
   irriterende personer (annoying persons)
sovende (sleeping)
kommende (coming)
smilende (smiling)

Adjectives ending in *t* (e.g., *flot*) do not change their form:

en flot bog (a handsome book)
et flot hus (a handsome house)

Some adjectives double their consonant in the e-form:
flot – flotte (handsome)
　en flot bog (a handsome book)
　den flotte bog (the handsome book)
　flotte bøger (handsome books)
　de flotte bøger (the handsome books)
smuk – smukke (beautiful)
træt – trætte (tired)
langsom – langsomme (slow)

Adjectives ending in a vowel have no e-form:
en blå bog (a blue book)
den blå bog (the blue book)
blå bøger (blue books)

Adjectives and past participles of verbs acting as adjectives ending in –*et* change in the e-form to –*ede*:
stribet – stribede (striped)
snavset – snavsede (dirty)
åbnet – åbnede (opened)
lukket – lukkede (closed)
　en lukket dør (a closed door)
　den lukkede dør (the closed door)
　lukkede døre (closed doors)

Adjectives ending with unstressed –*en, -el,* or –*er* lose an 'e' in the e-form:
doven – dovne (lazy)
　en doven person (a lazy person)
　den dovne person (the lazy person)
　dovne personer (lazy persons)
　de dovne personer (the lazy persons)
sikker – sikre (certain)
gammel – gamle (old)

Sometimes it is possible to create an adjective meaning just **the opposite** by adding a 'u' to the word:

lykkelig – ulykkelig (happy – unhappy)
sund – usund (healthy – unhealthy)

(Adjectives are also conjugated in degrees. See Lesson 4, page 87.)

Modalverber (Mådesudsagnsord) / Modal Verbs

The modal verbs are combined with another verb in the infinitive. They express the speaker's attitude.

Infinitive	Present tense	Past tense	Perfect tense	English
At skulle	*Jeg skal*	*Jeg skulle*	*Jeg har skullet*	To have to
At ville	*Jeg vil*	*Jeg ville*	*Jeg har villet*	To want to
At kunne	*Jeg kan*	*Jeg kunne*	*Jeg har kunnet*	To be able to
At måtte	*Jeg må*	*Jeg måtte*	*Jeg har måttet*	To be allowed to / to have to
At burde	*Jeg bør*	*Jeg burde*	*Jeg har burdet*	To ought to
At turde	*Jeg tør*	*Jeg turde*	*Jeg har turdet*	To dare
At gide	*Jeg gider*	*Jeg gad*	*Jeg har gidet*	To take the trouble to, to mind

At skulle:
Expresses the future – a plan:

Jeg skal spise morgenmad. (I am going to eat breakfast.)
Vi skal spille tennis i morgen. (We are going to play tennis tomorrow.)

A promise:

Jeg skal nok lave mad. (I will certainly cook dinner.)
Vi skal nok komme hjem. (We will be sure to come home.)

A necessity:
> *Jeg skal læse lektier nu.* (I have to do my homework now.)

Without the infinitive, *skal* expresses where one is going:
> *Hvor skal du hen?* (Where are you going?)
> *Jeg skal til Italien.* (I am going to Italy.)
> *Vi skal hjem nu.* (We have to go home now.)
> *Han skal i skole.* (He is going to school. / He has to go to school.)

At ville:
Expresses volition:
> *Jeg vil selv lave mad.* (I will cook the food myself.)
> *Han vil sove nu.* (He wants to sleep now.)

A wish:
> *Jeg vil gerne besøge dig.* (I would like to visit you.)
> *Han vil gerne lære dansk.* (He would like to learn Danish.)

The future:
> *Jeg tror, det vil regne i morgen.* (I think it will rain tomorrow.)
> *Han vil måske rejse til Mars.* (Maybe he will travel to Mars.)

At kunne:
Expresses a possibility:
> *Jeg kan spise med min kone.* (I can eat with my wife.)

A skill:
> *Jeg kan lave mad.* (I can cook.)

An ability:
> *En fugl kan flyve.* (A bird can fly.)

At måtte:
Expresses permission or lack of same:
> *Du må ikke cykle her.* (You cannot ride your bike here.)

A necessity:
> *Jeg må hellere gå nu, for jeg skal spise kl. 18.* (I must leave
> now, for I am eating at 6 pm.)

An assumption:
> *Vibeke må være træt.* (Vibeke must be tired.)

At burde:
Expresses that something is morally right:
> *Alle børn bør spise hver dag.* (All children ought to eat
> every day.)

Or healthy or sensible:
> *Alle børn bør vaske sig hver dag.* (All children ought to wash
> every day.)

At turde:
Most often used with 'not' and expresses fear of doing something:
> *Jeg tør ikke cykle i skole.* (I dare not ride my bike to school.)

At gide:
Is used in questions, meaning "please":
> *Gider du lige række mig bogen?* (Would you please hand me
> the book?)

And in negative sentences meaning "I don't feel like doing ...":
> *Vi gider ikke spise pizza i aften.* (We don't feel like eating
> pizza tonight.)

It is quite common to use the infinitive with *at:*

Gider du lige at hente mælken på bordet? (Would you please get the milk on the table?)

It is not very nice to answer in the negative:

Nej, det gider jeg ikke. (No, I can't be bothered. / No, I don't want to.)

ORDLISTE / VOCABULARY

aften, n	evening
alle tiders	great (the best of all times!)
arbejde, at	work
begge	both
bolle, n	roll
bus, n	bus
bær, t	berry
børste tænder, at	brush one's teeth
derimod	on the contrary
dessert, n	dessert
desværre	unfortunately
doven	lazy
dyrke, at	grow
eget	own
firma, t	company
fjernsyn, t	TV
flødeskum, t	whipped cream
forvente, at	expect
fryser, n	freezer

fuldtidsjob, t	full-time job
før	before
gide, at	take the trouble to, mind
godmorgen	good morning
godnat	good night
grøntsager, n, pl	vegetables
gå i bad, at	take a shower
gå i gang med, at	start with
gå i seng, at	go to bed
hakket	ground
have, n	garden
hjemmearbejde, t	homework
hjemmelavet	homemade
hvid	white
hygge sig, at	have a cozy time
indbydende	inviting
især	especially
jul, n	Christmas
kakao, n	cocoa
karbonade, n	breaded pork patty
kartoffel, n	potato
kniv, n	knife
kold	cold
kort	short
kød, t	meat
lave mad, at	cook
lave, at	make
lektie, n	homework

lige	just
lækker	delicious
længe	for a long time
lærer, n	teacher
madpakke, n	sack lunch
mange	many
med	with
mørk	dark
noget	some
ny	new
nyde, at	enjoy
næsten	almost
pleje, at	do as a rule
produkt, t	product
prøve, at	try
ret meget	a lot
rigtig	really
rydde op, at	pick up in the house
række, at	hand
røre sig, at	move
smøre, at	make (to butter)
snakke sammen, at	talk to each other
sne, n	snow
sovs, n	gravy
spise med, at	join in the meal
spændende	exciting
stå op, at	get up
sund	healthy

svinekød, t	pork
ting, n	thing
tro, at	believe
uge, n	week
vaske sig, at	wash oneself
vente, at	wait
vi ses	see you later (lit. we will see each other)
våd	wet
økologisk	organic

UDTRYK / EXPRESSIONS

Det vil være fint.	That would be great.
Hav en god dag.	Have a good day.
Du kan tro ...	You better believe ... / Really
Hvad med dig?	What / How about you?
Godnat og sov godt.	Good night and sleep tight.

ØVELSER / EXERCISES

1. *Indsæt den korrekte ugedag.*
   Insert the correct day of the week. (See page 64, note 2.)

   1. I dag er det mandag. I morgen er det _____
   2. I morgen er det torsdag. I dag er det _____
   3. I dag er det fredag. I morgen er det _____
   4. I morgen er det fredag. I dag er det _____
   5. I dag er det lørdag. I morgen er det _____
   6. I morgen er det tirsdag. I dag er det _____
   7. I dag er det torsdag. I morgen er det _____

2.   *Skriv hvad klokken er.*
    Write what time it is. (See page 64, note 3.)

1. 10,15 _____
2. 8,07 _____
3. 15,23 _____
4. 13,30 _____
5. 7,12 _____
6. 9,45 _____
7. 18,10 _____
8. 19,50 _____
9. 23,55 _____
10. 11,18 _____

3.   *Indsæt adjektivet i den rigtige form.*
    Insert the adjective in the correct form.

1. **lille:** den _____ pige; det _____ hus
2. **spændende:** den _____ mad; det _____billede
3. **flot:** den _____ bog; det _____ bord
4. **smuk:** den _____ kvinde; det _____ barn
5. **moderne:** den _____ sweater; det _____ produkt
6. **blå:** den _____ bus; det _____ billede
7. **sød:** den _____ mad; det _____ liv
8. **hvid:** den _____ jul; det _____ bær
9. **stribet:** en _____ seng; den _____ seng
10. **stribet:** et _____ bord; det _____ bord
11. **lukket:** en _____ dør; den _____ dør
12. **lukket:** et _____ firma; det _____ firma
13. **snavset:** en _____ kniv; den _____ kniv
14. **doven:** en _____ mand; den _____ mand
15. **gammel:** et _____bær; det _____ bær
16. **sikker:** et _____ job; det _____ job

4. *Indsæt det rigtige modal verbum.*
   Insert the correct modal verb.

1. *Jeg _____ gerne spise kl. 18.*
   (I would like to eat at 6 pm.)
2. *Han _____ ikke finde bogen.*
   (He can't find the book.)
3. Vi _____ godt snakke sammen her.
   (We are allowed to talk here.)
4. *De _____ godt cykle i byen.*
   (They dare ride their bikes in town.)
5. *Du _____ spise din salat.*
   (You must eat your salad.)
6. *Hun _____ lave lektier nu.*
   (She ought to do her homework now.)
7. *I _____ komme i morgen.*
   (You shall come tomorrow.)
8. *Den kat _____ sove hele tiden.*
   (That cat can sleep all the time.)

5. *Oversæt til dansk.*
   Translate into Danish.

1. She eats the good roll.

   _____

2. We read many good books in the summer.

   _____

3. They believe it is really cold in winter.

   _____

4. The best garden is hers, not his.

   _____

5. She eats the biggest pork patty (of them all).

   _____

6. Their youngest son has a blue bike.

_____

7. Warm homemade food is nice to eat.

_____

8. He likes to pick up in the house and cook for his wife.

_____

9. I like Danish better than English.

_____

10. They look forward to a white Christmas with lots of snow.

_____

11. The best lunch is green salad, white rolls / ryebread, and tea.

_____

12. You must wash yourself and brush your teeth before you go to work.

_____

_____

13. You can ride your new, red bike at 5 pm in the city.

_____

14. It is nice to exercise and then eat a delicious dinner.

_____

(See answer key, pages 279–281.)

Lektion 4
Dyrker du sport?

Lesson 4
Do you do sports?

Sidst i september[1] måned synes[2] Christine, at hun har energi til at lave noget nyt. Hun snakker derfor med Pernille om at dyrke motion.

At the end of the month of September, Christine feels that she has the energy to do something new. Therefore, she talks to Pernille about exercising.

Christine:
I USA går jeg til aerobics og løbetræner to gange om ugen. Tror du,[2] jeg kan komme i gang med at træne her? Jeg vil gerne holde mig i form!

Christine:
In the U.S. I do aerobics and run twice a week. Do you think I can get started exercising here? I would like to stay in shape!

Pernille:
Ja, helt sikkert. Jeg er medlem af et fitness center, så du kan komme med mig og få en prøvetime. Så kan du se, om du kan lide det.

Pernille:
Yes, definitely. I am a member of a fitness center, so you can go with me and have a trial-class. Then you can see if you like it.

Næste dag tager Pernille og Christine i fitness centret på Ringgaden. De møder Pernilles veninde, Anne Marie, og sammen prøver de en step klasse. Bagefter træner de ved maskinerne i en time.

The next day, Pernille and Christine go to the fitness center at Ringgaden. They meet Pernille's friend, Anne Marie, and together they try a step-class. Afterwards they work at the machines for an hour.

Christine:
Det er rigtig dejligt at få motion igen. Jeg tror, jeg gerne vil melde mig ind i det her center. Hvad koster det—er det dyrt?

Christine:
It is really nice to exercise again. I think I would like to be a member of this center. How much is it—is it expensive?

Anne Marie:
Ja, det er ikke helt billigt, men du kan få rabat som

Anne Marie:
Yes, it is not altogether inexpensive, but you can get a

studerende. Jeg har været medlem i lang tid og er rigtig glad for det. Pernille har været medlem endnu længere end mig. Jeg kan godt lide at holde mig i form.

Christine:
Dyrker du også andre former for sport?

Anne Marie:
Ja, jeg har spillet badminton i mange år. Det er en supergod sport, for du rører dig utroligt meget. Du skal både være hurtig og stærk, og jeg har mine bedste venner i badmintonklubben.

Pernille:
Anne Marie er rigtig god til badminton. Hun har vundet mange mesterskaber. Er det en sport, du kender, Christine?

Christine:
Ja og nej, men man spiller kun badminton på græsplænen i baghaven i USA. Hvad er 'badminton-klubben'?

Anne Marie:
Her melder man sig ind i en klub for at dyrke sport. Der er gymnastik i skolen, men de fleste unge går til noget uden for skoletiden. Der er mange forskellige sports-og

student discount. I have been a member for a long time and really like it. Pernille has been a member even longer than me. I like staying in shape.

Christine:
Do you also do other forms of sport?

Anne Marie:
Yes, I have played badminton for many years. It is a great sport, for you move around incredibly much. You have to be both fast and strong, and I have my best friends in the badminton-club.

Pernille:
Anne Marie is really good at badminton. She has won several championships. Do you know that sport, Christine?

Christine:
Yes and no, but one only plays badminton in one's backyard in the U.S. What is the 'badminton-club'?

Anne Marie:
Here you become a member of a club to do sports. There are P.E. classes in school, but most youngsters do something after school hours. There are many different sports and track clubs

atletikklubber i Danmark.
Min kæreste, Thor, spiller
meget tennis og er medlem af
Højbjerg Tennisklub. Vi skal
møde ham og nogle andre, når
vi har været i bad.

in Denmark. My boyfriend,
Thor, plays a lot of tennis
and is a member of Højbjerg
Tennisklub. We are meeting
him and some others after we
have showered.

Pernille:
Nå, men lad os så komme videre.

Pernille:
Ok, then let us get a move on.

De tager brusebad og går derefter
hen til en café ved siden af
centret, hvor de møder Thor og
hans venner, Finn og Steen.

They shower and then go to a
café next to the center where
they meet Thor and his friends,
Finn and Steen.

Thor:
Hej med jer. Var det en god
step-time?

Thor:
Hi there. Was it a good step-
class?

Anne Marie:
Ja, det var dejligt, og vi har
også trænet bagefter, så nu har
vi lyst til en kold hyldebærdrik.

Anne Marie:
Yes, it was lovely, and we have
also exercised afterwards,
so now we feel like a cold
elderberry drink.

Thor:
Jeg henter lige tre glas. I kender
godt Finn og Steen, ikke?

Thor:
I'll just get three glasses. You do
know Finn and Steen, don't you?

Pernille:
Jo, jeg kender dem godt. Hejsa.
Christine bor hos min kærestes
forældre i år.

Pernille:
Yes, I know them. Hi there.
Christine is living with my
boyfriend's parents this year.

Christine:
Hej med jer. Hvad laver I?
Dyrker I også sport?

Christine:
Hi there. What do you do? Do
you also do sports?

Finn:
Tja, jeg vil gerne have mere
tid til sport, men jeg arbejder i

Finn:
Well, I would like to have more
time for sports, but I work in

et computerfirma og har altid travlt. Jeg har svømmet meget, da jeg var mindre, og så har jeg dyrket karate i årevis, men for tiden spiller jeg håndbold,[3] og det er virkelig sjovt.

a computer company and am always busy. I swam a lot when I was younger, and then I have done karate for years, but at the moment I am playing team handball and that is really fun.

Christine:
Er det lige så hårdt som amerikansk basketball?

Christine:
Is that just as rough and hard as American basketball?

Finn:
Ja, jeg tror faktisk, det er hårdere, for vi har ikke beskyttelse på. Men det giver god motion, og jeg vil gerne holde mig i form, også når jeg bliver ældre.

Finn:
Yes, actually, I think it is harder, for we are not wearing protection. But it is good exercise and I would like to stay in shape also when I get older.

Steen:
Jeg tror, det er vigtigt for mange danskere at blive ved med at dyrke sport, hvis de har tid. Jeg arbejder for A.P. Møller,[4] og jeg har lange arbejdsdage og desværre ikke ret meget fritid. Men jeg har spillet bordtennis og været med i mange turneringer, da jeg var yngre.

Steen:
I think it is important for many Danes to keep doing sports if they have time. I work for A.P. Møller and have long days and unfortunately not much spare time. But I have played table tennis and participated in many championships when I was younger.

Christine:
Er der også bordtennis-klubber?

Christine:
Are there table tennis clubs as well?

Steen:
Ja, man spiller på et hold i en klub sammen med sine kammerater. Vi har også spillet turneringer i andre byer.

Steen:
Yes, you play on a team in a club with your friends. We have also played tournaments in other cities.

Christine:
Det lyder sjovt. Hvad laver du så nu?

Steen:
Jeg løber lidt, men ikke nok, og jeg tror, Finn får mere motion end mig.

Thor:
Værsgo, her er jeres sunde drinks!

Anne Marie:
Tak for det. Du skal også fortælle Christine om din sport.

Thor:
Jeg har spillet tennis, lige siden jeg var helt lille. Nu spiller jeg på klubbens førstehold, og vi spiller turneringer over hele landet. Det er sjovt, og jeg tror, jeg vil blive ved, til jeg er godt oppe i årene![5]

Christine:
Jeg tror, danskerne får mere motion end amerikanerne.

Finn:
Det kan godt være. Vi cykler i hvert fald meget mere, og mange mennesker løber og går ture. Jeg tror ikke, at vi synes, det er fedt at være overvægtige og ude af form!

Christine:
That sounds like fun. What do you do now, then?

Steen:
I run a bit, but not enough, and I think Finn gets more exercise than me.

Thor:
Here you are, here are your healthy drinks!

Anne Marie:
Thanks. You must also tell Christine about your sport.

Thor:
I have played tennis ever since I was quite little. Now I'm on the premier team in the club and we play tournaments all over the country. It is fun, and I think I'll continue till I am quite old!

Christine:
I think Danes get more exercise than Americans.

Finn:
That may be. At least we ride our bikes a lot more, and many people run and go for walks. I think we don't find it cool to be overweight and out of shape!

| Christine:
Det lyder sundt og godt. Jeg tror, jeg melder mig ind i det her fitness center! | Christine:
That sounds healthy and good. I think I will become a member of this club! |

Fodnoter / Footnotes

1. The months are: *januar, februar, marts, april, maj, juni, juli, august, september, oktober, november, december*. In the names of the first seven months, the stress is on the first syllable, except *april*. In the last five months and *april*, the stress is on the second syllable.

2. *At synes* means to think, and *at tro* means to believe and to think. *At synes* is used to express your personal opinion about something in a discussion, and there is no right or wrong answer: *Jeg synes, vi skal læse en bog sammen.* (I think we should read a book together.)

   At tro is used when you are not quite sure about what you are saying, but rather guessing: *Jeg tror, det bliver koldt i dag.* (I think / believe it will be cold today.)

3. *Håndbold* is exceedingly popular in Denmark. It is played with a team of seven players on a court. The purpose is to score goals by throwing the ball, a bit smaller than a soccer ball, into the goal, guarded by a goal keeper from the opposing team. The national teams, especially for women, have won several major international championships, and won the Olympic Gold Medal in 2004. To learn more visit www.dhf.dk and www.dif.dk/index/idraettenital-medaljer.htm?id=39&selectyear=2004. To see a fan Web site, visit: http://champagnebold.dk/touray/.

   Fodbold (soccer) is the other incredibly popular sport in Denmark, and most people play it at some point in their life. To learn more, visit: www. dbu.dk.

4. A.P. Møller is the largest shipping company in Denmark.

5. *Oppe i årene* literally means "up in years" and can be translated "advanced in years" or "quite old."

GRAMMATIK / GRAMMAR

Refleksive Pronominer (Henførende Stedord) / Reflexive Pronouns

If the object is the same as the subject, the reflexive pronoun is used. It is similar to the personal pronoun except in the 3rd person singular and plural.

Personal pronouns – object form	Reflexive pronouns	English – reflexive
mig	*mig*	myself
dig	*dig*	yourself
hende, ham, den, det, en	*sig*	himself, herself, itself, oneself
os	*os*	ourselves
jer	*jer*	yourselves
dem	*sig*	themselves

Jeg vasker mig. (I wash myself.)
Hun vasker sig. (She washes herself.)
De vasker sig. (They wash themselves.)

By adding *selv* (self), one is emphasizing that one is doing it oneself or for oneself.
Jeg laver kaffe til mig selv! (I make coffee for ME!)

Demonstrative Pronominer (Påpegende Stedord) / Demonstrative Pronouns

Demonstrative pronouns are used when pointing at something—either literally or figuratively.

n-words	t-words	Plural	English
den	*det*	*de*	that / those
denne	*dette*	*disse*	this / these

Giv mig den (der) kniv. (Give me that knife.)
Giv mig den (her) kniv = denne kniv. (Give me this knife.)

Giv mig det (der) billede. (Give me that picture.)
Giv mig det (her) billede = dette billede. (Give me this picture.)

Se på de (der) huse. (Look at those houses.)
Se på de (her) huse = disse huse. (Look at these houses.)

The long form, *denne, dette* and *disse*, is more formal than *den her, det her*, and *de her*.

Adjektiver (Tillægsord) / Adjectives (continued)

Adjectives are also conjugated in degrees.

Regularly conjugated adjectives add *–ere* in the comparative and *–est* or *–st* in the superlative.

Positive	Comparative	Superlative
sød – sweet	*sødere* – sweeter	*sødest* – sweetest
dejlig – lovely	*dejligere* – lovelier	*dejligst* – loveliest
flot – handsome	*flottere* – handsomer	*flottest* – handsomest

Adjectives ending in *–ig* only add '*st*' in the superlative:
   dejlig – dejligere – dejligst

Adjectives with an unstressed short vowel double the consonant:
flot – flottere – flottest

Some adjectives are **conjugated irregularly**, and it is necessary to memorize them individually:

English	Positive	Comparative	Superlative
big	*stor*	*større*	*størst*
small	*lille*	*mindre*	*mindst*
old	*gammel*	*ældre*	*ældst*
young	*ung*	*yngre*	*yngst*
many	*mange*	*flere*	*flest*
much	*meget*	*mere*	*mest*
a little	*lidt*	*mindre*	*mindst*
few	*få*	*færre*	*færrest*
good	*god*	*bedre*	*bedst*
bad, evil	*slem*	*værre*	*værst*
near	*nær*	*nærmere*	*nærmest*

In the definite form, superlative adds an *e*:
Han er den ældste. (He is the oldest / eldest.)
Han er den yngste. (He is the youngest.)

n-words:
Hans seng er stor. (His bed is big.)
Hendes seng er større. (Her bed is bigger.)
Min seng er størst. (My bed is biggest.) = *Min seng er den
   største.* (My bed is the biggest.)
Den største seng er min. (The biggest bed is mine.)

t-words:
Hans hus er gammelt. (His house is old.)
Hendes hus er ældre. (Her house is older.)
Dit hus er ældst. (Your house is oldest.) = *Dit hus er det
   ældste.* (Your house is the oldest.)
Det ældste hus er dit. (The oldest house is yours.)

plural:
Teenagere er unge. (Teenagers are young.)
Børn er yngre. (Children are younger.)
Babyer er yngst. (Babies are youngest.) = *Babyer er de yngste.* (Babies are the youngest.)
De yngste er babyer. (The youngest are babies.)

Some adjectives are conjugated with '*mere*' and '*mest*' (more and most):
longer adjectives:
ekstraordinær – mere ekstraordinær – mest ekstraordinær (extraordinary)

the adjectives that only have one form (with n and t words):
bange – mere bange – mest bange (afraid)

the adjectives that are created from present participles of verbs:
irriterende – mere irriterende – mest irriterende (annoying)

Usually, comparative is used with the preposition '*end*' (than):
større end, mindre end, flere end, ældre end
Min seng er større end din seng. (My bed is bigger than your bed.)
Din seng er mindre end min seng. (Your bed is smaller than my bed.)
Han har flere huse end hende. (He has more houses than she.)
Hun er ældre end ham. (She is older than he.)
Filmen var mere spændende end bogen. (The movie was more exciting than the book.)

Comparative is not conjugated according to gender:
n-word: *Min seng er større end din seng.*
t-word: *Mit hus er større end dit hus.*
plural: *Mine børn er større end dine børn.*

In an **absolute comparison between two**, Danish uses the superlative and not the comparative:

Han har to senge. (He has two beds.)

Den største er 3 meter lang. (The bigger [of the two] is 3 meters long.)

Den mindste er 2 meter lang. (The smaller [of the two] is 2 meters long.)

ORDLISTE / VOCABULARY

arbejdsdag, n	work day
bad, t = brusebad, t	shower
badminton, n	badminton
baghave, n	backyard, back garden
beskyttelse, n	protection
blive ved med, at	keep on (doing)
bordtennis, n	table tennis
cykle, at	ride a bike, bike
dejligt	lovely, nice
derefter	afterwards, then
desværre	unfortunately
drik, n	drink
dyrke, at	do (sports), literally 'cultivate'
endnu	even, yet
energi, n	energy
faktisk	actually
fedt	cool
for tiden	at the moment
form, n	form, a kind
fortælle, at	tell, talk about

fritid, n	spare time, free time
førstehold, t	first team, premier team
få motion, at	get exercise, exercise
gang, n	time
græsplæne, n	lawn
gå til, at	do, participate in
have lyst til, at	feel like
have travlt, at	be busy
hejsa	hi (informal greeting)
helt	quite, completely
hold, t	team
holde, at	keep, stay
hurtig	fast
hyldebær, t	elderberry
i form	in shape
i årevis	for years
kammerat, n	friend, comrade
klasse, n	class
klub, n	club
komme i gang med, at	get started with
komme videre, at	move on, get a move on
koste, at	cost
lige siden	ever since
løbetræne, at	run (exercise)
maskine, n	machine
medlem, t	member
melde sig ind i, at	become a member of
mesterskab, t	championship
nok	enough

ny	new
overvægtig	overweight
prøvetime, n	trial class
rabat, n	discount
rigtig	really
røre sig, at	move
sammen	together
sidst	at the end of
skoletid, n	school hours
snakke, at	talk
stærk	strong
sund; usund	healthy; unhealthy
svømme, at	swim
time, n	hour
turnering, n	tournament
ude af form	out of shape
utrolig	incredible
ved siden af	next to
vigtigt	important
vinde, at	win
vældig	really, truly, tremendously

UDTRYK / EXPRESSIONS

Hvad koster det?	How much is it?
Det er ikke helt billigt.	It is fairly expensive.
Lad os komme videre.	Let's get a move on.
Hej med jer, Hejsa.	Hi there; hi, how are you?

ØVELSER / EXERCISES

1. **Indsæt den rigtige komparative form af adjektivet.**
   Insert the correct comparative form of the adjective.

   1. John er _____ end Mattias. (gammel)
   2. Mattias er _____ end John. (ung)
   3. Hendes hus er _____ end mit. (stor)
   4. Deres have er _____ end min. (lille)
   5. Hun har _____ penge end ham. (mange)
   6. Vi har _____ mad end de andre. (meget)
   7. Vores skole er _____ end jeres. (god)
   8. Min klub er _____ end din. (dårlig)

2. **Indsæt den rigtige superlative form af adjektivet.**
   Insert the correct superlative form of the adjective.

   1. John er den _____. (gammel)
   2. Mattias er den _____. (ung)
   3. Hendes hus er det _____. (stor)
   4. Deres have er den _____. (lille)
   5. Hun har de _____ penge. (mange)
   6. Vi har _____ mad. (meget)
   7. Vores skole er den _____. (god)
   8. Min klub er den _____. (dårlig

3. *Indsæt den rigtige form af adjektivet: komparativ eller superlativ.*
Insert the correct form of the adjective: comparative or superlative.

Vibeke har to sønner. Den _____ hedder John, og den _____ hedder Mattias (gammel, ung). John er tre år _____ end Mattias (gammel). De bor i det _____ hus i byen. (flot) Deres have er den _____ af alle (smuk). Vibekes have er _____ end Christines have (smuk). John har _____ bøger end Mattias (mange), men Mattias har _____ fritid end John (meget). Det er den _____ bog, jeg har (god). Michaels job er _____ end Vibekes (god). Hans cykel er _____ end hendes (stor), men hendes er _____ end hans (hurtig).

4. *Indsæt det rigtige reflexive pronomen.*
Insert the correct reflexive pronoun.

1. Jeg vasker _____
2. De glæder _____
3. Hun vasker _____
4. Han glæder _____
5. I vasker _____
6. Vi glæder _____
7. Du skal vaske _____

5. *Oversæt til dansk.*
Translate into Danish.

1. I want to stay in shape.

   _____

2. She likes running in the morning.

   _____

3. He likes to ride his bike to work.

   _____

4. We have been members for a long time.

   _____

5. I have played badminton in a club for many years.

   _____

6. My best friends play soccer.

   _____

7. Tennis is the oldest sport in Denmark.

   _____

8. The youngest sport is karate.

   _____

9. They like a healthy drink after exercising.

   _____

10. If you work a lot you don't have much spare time.

    _____

11. American football is not as hard as badminton.

    _____

12. It is fun to win a championship in your sports.

    _____

13. We think we would like to become members of the club.

    _____

14. She thinks exercising with her friends is really good.

    _____

(See answer key, pages 281–282.)

Lektion 5
Er du sulten?

Lesson 5
Are you hungry?

Det er en onsdag i oktober.
Dagene går hurtigt med
arbejde og læsning. Christine
vil gerne lære at lave dansk
mad, så hun og Vibeke går på
indkøb i et supermarked.

It is a Wednesday in October.
The days go by quickly with
work and studies. Christine
would like to learn how to cook
Danish food, so she and Vibeke
go shopping in a supermarket.

Vibeke:
Hvad har du lyst til at spise i
aften? Og hvilken slags mad
har du lyst til at lære at lave?

Vibeke:
What would you like to eat
tonight? And what kind of food
would you like to learn to cook?

Christine:
Jeg vil gerne lære at lave
typiske danske retter. Jeg vil
også gerne lære, hvad man gør,
når man inviterer venner til
middag, og hvad man serverer
for dem.

Christine:
I would like to learn how to
cook typical Danish dishes. I
would also like to learn what
to do when one invites friends
for dinner and what one serves
for them.

Vibeke:
Okay. Vi kan begynde med, hvad
du har lyst til at spise i aften.

Vibeke:
OK. We can start with what you
would like to eat tonight.

Christine:
Hvor mange er hjemme til
middag?

Christine:
How many will be home for
dinner?

Vibeke:
Jeg tror, Michael, Mattias og
Pernille spiser med i aften, så vi
er fem i alt.

Vibeke:
I think that Michael, Mattias,
and Pernille will be eating
tonight, so we are five
altogether.

Christine:
Hvor meget[1] kød skal jeg så
købe? Og hvor mange[1] kartofler?
Hvordan laver man sovs?

Christine:
How much meat should I buy,
then? And how many potatoes?
How does one make gravy?

Vibeke:
Jeg synes, vi skal lave koteletter med nye kartofler og flødesovs. Har du lyst til det? Så skal vi købe fem koteletter og to kg² kartofler. Vi skal også have en halv liter³ piskefløde til sovsen.

Vibeke:
I think we should make pork chops with new potatoes and cream gravy. Would you like that? Then we have to buy five chops and two kilo potatoes. We also need half a liter of cream for the gravy.

Christine:
Hvorfor vil du bruge fløde til sovsen? Er det ikke usundt?

Christine:
Why do you want to use cream for the gravy? Isn't that unhealthy?

Vibeke:
Jo lidt, men det smager godt! Hvad vil du gerne drikke til maden?

Vibeke:
Yes, a bit, but it tastes good! What would you like to drink with the food?

Christine:
Jeg kan godt lide saft,⁴ men vil du have vin? Hvornår drikker man vin til maden?

Christine:
I like juice, but do you want wine? When does one drink wine with dinner?

Vibeke:
Vi kan da godt drikke et glas vin på en almindelig onsdag, når du nu laver maden!

Vibeke:
Sure, we can drink a glass of wine on an ordinary Wednesday since you are cooking dinner!

Christine og Vibeke køber ind og går hjem med deres varer i en pose. Michael kommer hjem fra arbejde og vil også være med.

Christine and Vibeke shop and go home with their goods in a bag. Michael comes home from work and wants to join in.

Michael:
Jeg kan godt dække bord. Hvem spiser med i aften?

Michael:
I can set the table. Who is eating tonight?

Vibeke:
Vi bliver fem i alt, og vi skal også have vinglas!

Michael:
Aha, en festmiddag! Hvor hyggeligt! Jeg tager lige tallerkenerne, knivene og gaflerne, og så skal vi vel også have servietter?

Vibeke:
Ja, og skeer, for vi skal have dessert. Christine vil lære at lave rødgrød med fløde.⁵

Michael:
Det lyder lækkert. Hvor gemmer du de fine desserttallerkener?

Vibeke:
De er nederst i skabet i stuen, selvfølgelig! Har du brug for hjælp, Christine?

Christine:
Ja tak. Skal jeg først stege koteletterne på panden?

Vibeke:
Nej, du skal først skrælle kartoflerne og putte dem i gryden, så de kan koge. Når de koger, skal du smelte smør på panden og stege koteletterne, og til sidst skal du

Vibeke:
We will be five altogether, and we also need wine glasses!

Michael:
I see, a festive dinner! How cozy! I will just get the plates, the knives and the forks, and then I suppose we also need napkins?

Vibeke:
Yes, and spoons, for we are having dessert. Christine wants to learn how to make red pudding with cream.

Michael:
That sounds delicious. Where are you hiding the nice dessert plates?

Vibeke:
They are at the bottom of the cupboard in the dining room, of course! Do you need help, Christine?

Christine;
Yes, please. Do I fry the chops in the frying pan first?

Vibeke:
No, first you peel the potatoes and put them in the pot so they can boil. When they are boiling, you melt butter in the frying pan and fry the chops, and finally, you make the gravy.

lave sovsen. Vi laver rødgrøden af de frosne bær i fryseren. Jeg har både jordbær, hindbær, solbær og ribs, så det bliver lækkert.

We will make the pudding from the frozen berries in the freezer. I have strawberries, raspberries, black currants and red currants, so it will be scrumptious.

Sammen laver de rigtig god mad. Mattias og Pernille dukker op og spiser med og nyder maden og selskabet. Christines rødgrød bliver meget vellykket, og alle siger tak for mad. Bagefter siger Pernille farvel og går ud ad døren.

Together they cook really good food. Mattias and Pernille show up and eat and enjoy the dinner and the company. Christine's red pudding turns out really well, and everyone says thank you. Afterwards, Pernille says good-bye and goes out the door.

Christine:
Der ligger en hat på bordet i gangen. Hvis hat er det?

Christine:
There is a hat on the table in the hall. Whose hat is that?

Mattias:
Åh, det er Pernilles. Jeg fanger hende lige, så hun ikke kommer til at fryse.

Mattias:
Oh, that is Pernille's. I will just catch her, so she doesn't get cold.

Christine:
Det var et hyggeligt måltid. Tak fordi jeg måtte lave mad. Det vil jeg gerne prøve igen.

Christine:
That was a cozy meal. Thanks for letting me cook. I would like to try that again.

Vibeke og Michael:
Det må du meget gerne. Vi kan rigtig godt lide, at der er andre end os, der laver mad her i huset!

Vibeke and Michael:
You are very welcome to do that. We really like other people cooking in this house!

Fodnoter / Footnotes

1. *Hvor meget* is used about uncountables such as *luft* (air); *sukker* (sugar); *kaffe* (coffee); *te* (tea).
    Hvor mange is used about countables such as *børn* (children); *penge* (money) [**Note:** money is plural in Danish]; *knive* (knives); *huse* (houses).

2. *kg* (kilo) is the measurement for weight used in Denmark. One *kg* equals 1,000 *gram*, and corresponds roughly to 2.2 lbs.

3. *Liter*, written *l*, is the measurement for liquids used in Denmark. One liter corresponds roughly to a quart. Milk etc. is sold in liter cartons.

4. *Saft* is concentrated fruit juice which is served diluted with water. The most popular *saft* is from red berries and sold in liter cartons.

5. *Rødgrød* is a dessert made with red berries which are lightly boiled and lightly sugared according to taste. It is served with cream or milk and very popular. It can be homemade or bought in stores. (See recipe, page 117.)

GRAMMATIK / GRAMMAR

Spørgsmål / Questions

Questions are made in Danish in three ways:
   1. With a question word (an *hv*-word) and inversion of subject and verb
   2. With inversion
   3. By inserting *ikke* into the sentence

1. **The question words**, as used in this chapter, are:

Danish	English	Example of its use
hvad	what	*Hvad skal jeg gøre?*
hvem	who	*Hvem kommer i aften?*
hvornår	when	*Hvornår spiser vi?*
hvorfor	why	*Hvorfor bruger du fløde nu?*
hvordan	how	*Hvordan laver jeg sovs?*
hvor	where	*Hvor er tallerkenerne?*
hvis	whose	*Hvis hat er det?*
hvor mange	how many	*Hvor mange spiser med i aften?*
hvor meget	how much	*Hvor meget kød skal jeg stege?*

Formal:	which	
hvilken		*Hvilken bog skal jeg læse?*
hvilket		*Hvilket hus skal jeg købe?*
hvilke		*Hvilke servietter skal jeg bruge?*
Informal:		
Hvad for en		*Hvad for en bog skal jeg læse?*
Hvad for et		*Hvad for et hus skal jeg købe?*
Hvad for nogen		*Hvad for nogen servietter skal jeg bruge?*

Notice the inversion of subject and verb following the question word.

Question Word	Verb	Subject	Object / Predicate	Place and Time Adverb
Hvorfor	*bruger*	*du*	*fløde*	*nu?*
Hvordan	*laver*	*jeg*	*sovs?*	

2. **Inversion.** In the introduction to questions in Lesson 1, you found out that Danish doesn't use a form of "to do" to create questions. Declarative statements can be turned into questions by inverting the subject and verb, as follows:

Verb	Subject	Adverb	Object / Predicate	Place and Time Adverb
Hedder	*du*		*Vibeke?*	
Spiser	*han*		*aftensmad?*	
Steger	*hun*	*fem*	*koteletter?*	
Koger	*Michael*		*et kg kartofler*	*i aften?*
Køber	*Christine*	*ind*		*i dag?*
Er	*Pernilles*		*hat*	*på bordet?*
Har	*du*	*mange*	*børn?*	

Asking a question with a modal verb creates a 'sandwich' effect:

Modal Verb	Subject	Adverb	Verb	Object/ Predicate	Place and Time Adverb
Vil	*du*	*gerne*	*spise*	*min mad*	*i dag*
Kan	*vi*	*godt*	*købe*	*et kg kartofler?*	
Skal	*du*	*snart*	*sove*		*i sengen?*

The answer to these questions using inversion is either *ja* (yes) or *nej* (no).

3. Questions can be asked by **inserting *ikke*** on the assumption that the answer is positive:

Verb	Subject	Adverb	Object/ Predicate	Place and Time Adverb
Hedder	*du*	*ikke*	*Vibeke?*	
Spiser	*han*	*ikke*	*aftensmad*	*i dag?*
Steger	*hun*	*ikke*	*koteletter*	*i køkkenet?*

Modal Verb	Subject	Adverb	Verb	Object/ Predicate	Place and Time Adverb
Vil	*du*	*ikke gerne*	*spise*	*min mad*	*i dag?*
Kan	*vi*	*ikke*	*købe*	*et kg kartofler?*	
Skal	*du*	*ikke snart*	*sove*		*i sengen?*

The answer to these questions is *jo* (yes) or *nej* (no).

Questions with the modal verbs are answered with the same verb in the short form:

Skal du gå nu?	*Ja, det skal jeg.*
Må jeg læse bogen?	*Nej, det må du ikke.*
Kan hun lave mad?	*Ja, det kan hun.*
Vil I spise nu?	*Nej, det vil vi ikke.*
Bør hun cykle i dag?	*Ja, det bør hun.*
Tør vi drikke vin?	*Nej, det tør vi ikke.*

Questions with all other verbs are answered in the short form with *at gøre*:

Cykler du på arbejde?	*Ja, det gør jeg.*
Spiser vi koteletter i dag?	*Nej, det gør vi ikke.*
Ligger hendes hat på bordet?	*Ja, det gør den.*
Sover han i køkkenet?	*Nej, det gør han ikke.*

Ordstilling / Word Order

The regular word order in declarative, <u>independent</u> clauses is:

Subject	Verb	Adverb	Verb	Indirect object	Direct object/ Predicate/ Prepositional phrase	Adverbial
Han	*skal*	*ikke*	*spise*		*sin mad*	*nu*
De	*kommer*	*snart*			*på besøg*	
Vi	*kan*	*godt*	*give*	*dig*	*en bog*	*i dag*

Note that the adverb is placed following the first verb.

The regular word order in declarative, <u>dependent</u> clauses is:

Con- junc- tion	Subject	Adverb	Verb	Verb	Indirect object	Direct object/ Predicate/ Prepositional phrase	Adverb
at	*de*	*snart*	*kommer*				
at	*hun*	*ikke*	*kan*	*give*	*ham*	*bogen*	*i dag*
fordi	*han*	*ofte*	*har*	*lavet*		*mad*	
fordi	*han*	*altid*	*vil*	*kysse*	*hende*	*i køkkenet*	

Note that the adverb is placed in front of the first verb.

Independent clauses have inversion:
1. In a question using a question word:
   Hvorfor laver hun maden? (Why does she cook?)
2. In a question using a verb:
   Laver hun maden? (Does she cook?)
3. When a word, phrase or clause is placed in the beginning of the sentence:
   a) word: *Selvfølgelig spiser hun maden.* (Of course, she eats the food.)
   b) phrase: *I morgen laver hun maden.* (Tomorrow, she will cook/make the food.)
   c) clause: *Når hun er sulten, spiser hun.* (When she is hungry, she eats.)

Note: There is **never** inversion in dependent clauses.

Substantiver (Navneord) – Flertal / Nouns – Plural

Nouns in the plural have an indefinite and definite form. There is no rule that decides which form a noun has, so it has to be memorized.
Tip: Memorize the gender of the noun and the indefinite plural form. The other two forms then follow automatically.

The **indefinite plural** of the nouns fall into five groups:
1. adding *–r*
2. adding *–er*
3. adding *–e*
4. adding nothing
5. irregular

The **definite plural** is formed by adding *–ne* to the indefinite plural form.

1. Adding *–r*
All words ending in an unstressed *e*

Indefinite singular	Definite singular	Indefinite plural	Definite plural
en dame (a lady)	*damen* (the lady)	*damer* (ladies)	*damerne* (the ladies)
en have (a garden)	*haven*	*haver*	*haverne*
en uge (a week)	*ugen*	*uger*	*ugerne*
et billede (a picture)	*billedet*	*billeder*	*billederne*
et æble (an apple)	*æblet*	*æbler*	*æblerne*
et badeværelse (a bathroom)	*badeværelset*	*badeværelser*	*badeværelserne*

2. Adding *–er*
Words ending in a stressed syllable
Words ending in a stressed vowel
Words ending in *hed*; *ing*; *sion*; *tion*; *skab*; *ri*

Indefinite singular	Definite singular	Indefinite plural	Definite plural
en bus (a bus)	*bussen* (the bus)	*busser* (buses)	*busserne* (the buses)
et produkt (a product)	*produktet*	*produkter*	*produkterne*
en ske (a spoon)	*skeen*	*skeer*	*skeerne*
et gardin (a curtain)	*gardinet*	*gardiner*	*gardinerne*
en lejlighed (an apartment)	*lejligheden*	*lejligheder*	*lejlighederne*
en regning (a bill)	*regningen*	*regninger*	*regningerne*
en diskussion (a discussion)	*diskussionen*	*diskussioner*	*diskussionerne*
en nation (a nation)	*nationen*	*nationer*	*nationerne*
et ægteskab (a marriage)	*ægteskabet*	*ægteskaber*	*ægteskaberne*
et bageri (a bakery)	*bageriet*	*bagerier*	*bagerierne*

3. Adding –e

Random words
Words ending in unstressed 'er'
Words ending in 'dom'

Indefinite singular	Definite singular	Indefinite plural	Definite plural
en hund (a dog)	*hunden*	*hunde*	*hundene*
en seng (a bed)	*sengen*	*senge*	*sengene*
et hus (a house)	*huset*	*huse*	*husene*
et bad (a bath)	*badet*	*bade*	*badene*
en lærer (a teacher)	*læreren*	*lærere*	*lærerne*
en dansker (a Dane)	*danskeren*	*danskere*	*danskerne*
en dom (a sentence)	*dommen*	*domme*	*dommene*

4. Adding nothing

Indefinite singular	Definite singular	Indefinite plural	Definite plural
en sko (a shoe)	*skoen*	*sko*	*skoene*
en ting (a thing)	*tingen*	*ting*	*tingene*
et glas (a glass)	*glasset*	*glas*	*glassene*
et hår (a hair)	*håret*	*hår*	*hårene*
et bær (a berry)	*bærret*	*bær*	*bærrene*

5. Irregular

Indefinite singular	Definite singular	Indefinite plural	Definite plural
en mor (a mother)	*moren*	*mødre*	*mødrene*
en far (a father)	*faren*	*fædre*	*fædrene*
en bror (a brother)	*broren*	*brødre*	*brødrene*
et barn (a child)	*barnet*	*børn*	*børnene*
en datter (a daughter)	*datteren*	*døtre*	*døtrene*
en bog (a book)	*bogen*	*bøger*	*bøgerne*
en fod (a foot)	*foden*	*fødder*	*fødderne*
en tand (a tooth)	*tanden*	*tænder*	*tænderne*
et øje (an eye)	*øjet*	*øjne*	*øjnene*

Finally, some nouns are only found in the plural:
briller (glasses)
bukser (pants)
penge (money)

Note: the possessive form of the nouns has no apostrophe:
mandens briller (the man's glasses)
kærestens bukser (the girlfriend's pants)
Michaels penge (Michael's money)
NB: *Mattias' briller* (Mattias' glasses)

ORDLISTE / VOCABULARY

almindelig	ordinary, usual
bruge, at	use
drikke, at	drink
dukke op, at	show up, appear
dække bord, at	set the table
fange, at	catch
fest, n	party
frossen / frosne	frozen
gaffel, n	fork
gang, n	hall
gemme, at	hide
gryde, n	pot, pan
gå på indkøb, at	go grocery shopping
gå ud af, at	go out
have lyst til, at	feel like
hindbær, t	raspberry
hjælp, n	helping hand

hjemme	at home
hurtig	fast
i aften	tonight
i alt	total, altogether
jordbær, t	strawberry
kartoffel, n	potato
kniv, n	knife
koge, at	boil
komme til at fryse, at	get cold
kød, t	meat
ligge, at	lie (on something)
nederst	at the bottom of
pande, n	frying pan
piskefløde, n	whipping cream
pose, n	bag
ret, n	dish
ribs, t	red currant
rigtig	really
selvfølgelig	of course, naturally
servere, at	serve
serviet, n	napkin
skrælle, at	peel
slags, n	kind (of)
smage, at	taste
smelte, at	melt
smør, t	butter
solbær, t	black currant
sovs, n	gravy
stege, at	fry
studium, t	study at an institution of higher learning

supermarked, t	supermarket
tallerken, n	plate
til maden	with the food / with dinner
til middag	for dinner
til sidst	finally, at last
typisk	typical
vare, n	article, pl.: goods
vel	presumably
vellykket	successful
ven, n	friend
være med, at	to join in

ØVELSER / EXERCISES

1. *Indsæt den rigtige måned.*
   Insert the correct months. (See page 85, note 1.)

   1. Efter januar kommer _____ .
   2. Før juni kommer _____ .
   3. Efter december kommer _____ .
   4. Før november kommer _____
   5. Det er vinter i _____ .
   6. Det er sommer i _____ .
   7. Det er forår i _____ .
   8. Det er efterår i _____ .

2. *Lav følgende sætninger om til spørgsmål.*
   Turn the following declarative sentences into questions.

   1. Vibeke køber ind i et supermarked.
   _____

2. Christine laver mad til familien.

   _____

3. Michael dækker bord med servietter.

   _____

4. Mattias spiser rødgrød.

   _____

5. Pernille nyder Christines mad.

   _____

6. Familien hygger sig ved bordet og drikker vin.

   _____

3. _Skriv 9 spørgsmål med de 9 forskellige spørge-ord._
    Write 9 questions using the 9 different question words.

1. (Hvad) _____
2. (Hvem) _____
3. (Hvornår) _____
4. (Hvorfor) _____
5. (Hvordan) _____
6. (Hvor) _____
7. (Hvis) _____
8. (Hvor mange) _____
9. (Hvor meget) _____

4. _Besvar spørgsmålene bekræftende med den korte form._
    Answer the questions with the short form in the
    affirmative.

   Example: Skal du gå nu?
             <u>Ja, det skal jeg.</u>

1. Skal du sove nu? _____
2. Vil du med på arbejde? _____
3. Sover hun i soveværelset? _____
4. Spiser de morgenmad sammen? _____

5. Kan hun lave dansk mad? _____

6. Må hun lave mad igen? _____

7. Læser han den gode bog? _____

8. Arbejder hun på et gymnasium? _____

5. **Besvar så de same spørgsmål negativt i den korte form.**
Now answer the same questions negatively, in the short form.

Example: Skal du gå nu?
     Nej, det skal jeg ikke.

1. Skal du sove nu? _____

2. Vil du med på arbejde? _____

3. Sover hun i soveværelset? _____

4. Spiser de morgenmad sammen? _____

5. Kan hun lave dansk mad? _____

6. Må hun lave mad igen? _____

7. Læser han den gode bog? _____

8. Arbejder hun på et gymnasium? _____

6. **Byt om på sætningerne og skriv ordene i den korrekte rækkefølge.**
Switch the order of the sentences and write the words in the correct word order.

Example: Han kommer på arbejde, når det er vinter.
     Når det er vinter, kommer han på arbejde.

1. Hun cykler på arbejde, når det er sommer.

     _____

2. Vi spiser aftensmad, når det er aften.

     _____

3. Jeg læser en bog, når jeg er glad.

     _____

4. De vil gerne snakke sammen, når de spiser.

5. Hun kan godt sove, fordi hun er træt.

6. I må drikke vin til maden, fordi det er lørdag.

7. **Indsæt den korrekte form af substantiverne i flertal.**
Insert the correct forms of the nouns in the plural.

Indef. sing.	Indef. plural	Def. plural	Indef. sing.	Indef. plural	Def. plural
en have			et bær		
et billede			et glas		
en ske			en sko		
et gardin			en bog		
et hus			en mor		
en dansker			en far		

8. **Oversæt til dansk.**
Translate into Danish.

1. I would like to learn how to cook.

2. First we have to go shopping in a supermarket.

3. How much food should I buy?

4. How do I make gravy with cream?

5. She has to peel the potatoes and boil them in the pot.

6. Then she has to fry the chops in the frying pan.

7. The food is delicious, and they all talk to each other.

8. When Pernille leaves, her hat is lying on the table.

9. When they are tired, they go to bed.

10. It is nice to have other people cook dinner.

11. Christine thinks they can drink wine on an ordinary Wednesday.

12. In December it is winter, and it is cold.

13. In August it is summer, and it is warm.

14. A year has twelve months and the days go by fast.

(See answer key, pages 282–284.)

DANISH RECIPES

Karbonader / Pork Patties

½ kg hakket svinekød
½ kg hakket kalvekød
1 æg
2 dl rasp
Salt og peber

Rør kødet sammen og form det til hamburgere.
Varm panden op med fedtstof (smør eller margarine).
Dyp burgerne i let sammenpisket æg. Vend derefter kødet i rasp blandet med salt og peber.
Steg karbonaderne ca. 8 minutter på hver side.

Rødgrød / Berry Pudding

1 kg bær – jordbær, hindbær, stikkelsbær, ribs, etc.
Sukker efter smag
Maizena mel

Bærrene koges langsomt ved svag varme med så lidt vand som muligt.
Når de er kogt, tilsættes sukker efter smag.
Grøden koges igennem igen.
½-1 spsk maizena mel udrørt i vand tilsættes, og grøden koges i 1 minut.
Grøden afkøles og serveres med fløde.

DANISH RECIPES

Karbonader / Pork Patties

1 lb ground pork
1 lb ground veal
1 egg
¾ cup bread crumbs
Salt and pepper

Mix the meats and make into hamburgers.
Heat and grease the frying pan.
Whip the egg, and mix the salt and pepper with the
bread crumbs.
Dip the burgers first in the whipped egg and then in the
bread crumbs.
Fry the patties approximately 8 minutes on each side.

Rødgrød / Berry Pudding

2 lbs of berries – strawberries, raspberries, gooseberries,
    red currants, or similar berries
Sugar according to taste
Cornstarch

Slowly bring the berries to a boil adding only a tablespoon
of water.
When the berries have boiled for a while (and start looking
like jam), sugar is added according to taste.
Bring the berries to a boil again.
Add ½–1 tablespoonful cornstarch mixed with water and boil
the pudding for 1 minute.
Cool the pudding and serve it with cream.

Lektion 6
Hvad skal vi lave i aften?

———

Lesson 6
What are we doing tonight?

I starten af oktober arbejder Christine hårdt med sine studier på Universitetet. Mattias og Pernille synes, hun trænger til at slappe af, så de planlægger at tage hende med i biografen lørdag aften.

In the beginning of October, Christine is working hard with her studies at the University. Mattias and Pernille think she needs to relax, so they plan to take her to the movies Saturday night.

Mattias:
Ved du hvad,[1] Christine. Pernille og jeg synes, du arbejder meget, måske for meget, så vi synes, du skulle tage med os ud i aften.

Mattias:
Seriously, Christine. Pernille and I think you work a lot, maybe too much, so we think you should go out with us tonight.

Christine:
Det lyder rigtig sjovt. Jeg synes, der er meget hjemmearbejde, og det er virkelig svært at lære dansk, selv om jeg prøver ihærdigt.

Christine:
That sounds like real fun. I think there is a lot of homework, and it is really difficult to learn Danish even though I try very hard.

Mattias:
Ja, du sidder inde på dit værelse næsten hver aften og læser til langt ud på natten,[2] og det er da ikke særlig sjovt.

Mattias:
Yes, you are sitting in your room almost every night, studying till far into the night, and that isn't too much fun.

Pernille:
Jeg synes også, det er et ret hårdt arbejde at være studerende, og jeg bruger lang tid på hjemmearbejdet, men der skal også være tid til at have det sjovt! Og heldigvis kan man godt høre musik, mens man læser.

Pernille:
I also think it is pretty hard work to be a University student, and I spend a lot of time with my homework, but there has to be time for fun as well. And luckily, one can listen to music while reading.

Mattias:
Ja, jeg har næsten altid fjernsynet eller stereoanlægget tændt, når jeg læser. Så sidder det hele ligesom lidt bedre fast inde i hovedet!

Mattias:
Yes, I almost always have the TV or stereo on when I study. Then everything seems to stick in my brain better!

Christine:
Nej, det kan jeg altså ikke. Jeg skal bare have ro omkring mig, når jeg læser. Ellers bliver jeg forvirret og glemmer nemt.

Christine:
No, I really can't do that. I just need quiet around me when I read. Otherwise, I get confused and easily forget things.

Pernille:
Jamen, har du ikke din computer tændt, så du kan tale eller skrive med dine venner hjemme?

Pernille:
Yes, but don't you have your computer on, so you can speak with or write to your friends back home?

Christine:
Jo, det har jeg selvfølgelig, og det er også lækkert at kunne holde kontakt med dem derhjemme. Men jeg vil da³ gerne med ud i aften. Hvad har I tænkt jer, vi skal lave?

Christine:
Yes, of course I do, and it is very nice to be able to stay in touch with the ones back home. But I would certainly like to go out tonight. What are you thinking we should do?

Mattias:
Vi synes, vi skal gå i biografen og se en ny film, der er vildt spændende. Og så kan vi tage et hurtigt smut ind på en bar bagefter. Hvad siger du til det?

Mattias:
We think we should go to a movie theater and watch a new movie that is really exciting. And then we can make a quick stop at a bar afterwards. What do you think of that?

Christine:
Det lyder super. Jeg skal lige hente min jakke, og så er jeg klar.

Christine:
That sounds great. Let me just get my coat, then I am ready.

Christine, Mattias og Pernille går i biografen og ser en film. De er enige om, at den var rigtig god og sjov, og at det var en god ide at gå lidt ud. På vejen hjem stopper de ved en bar og går ind for at få en enkelt øl. I baren møder Mattias en af sine gode venner, Christian.

Mattias:
Nej, se hvem der sidder der i hjørnet! Hej Christian, hvordan går det?

Christian:
Rigtig fint, og hvad med dig? Hej Pernille.

Pernille:
Hej Christian. Det er Christine. Hun kommer fra U.S.A. og bor hos Mattias' forældre.

Christian:
Åh, det er rigtigt. Jeg ved jo godt, der bor en studerende hos jer i år. Hej Christine. Vil I ikke sidde her sammen med mig, eller har I travlt?

Christine:
Hej Christian. Nej, vi skal ikke hjem med det samme, så vi vil gerne sidde lidt sammen med dig. Vi har lige været i biografen.

Christine, Mattias, and Pernille go to the movie theater and watch a movie. They agree that it was really good and fun, and that it was a good idea to go out for a bit. On their way home they stop at a bar and go inside to have a beer. In the bar, Mattias meets one of his good friends, Christian.

Mattias:
Well, look who is sitting there in the corner. Hi, Christian, how are you?

Christian:
Just great, and what about you? Hi, Pernille.

Pernille:
Hi, Christian. This is Christine. She comes from the U.S. and is living with Mattias' parents.

Christian:
Oh, that is right. I do know that a student is living with you this year. Hi, Christine. Won't you sit here with me, or are you in a hurry?

Christine:
Hi, Christian. No, we are not going home right away, so we would like to sit with you. We have just been to the movies.

Christian: *Helt fint. Så er I bare i byen i aften! Vil I ikke have en øl? Fint, så henter jeg lige en øl til os.*	Christian: Cool. So you are just out on the town tonight! Wouldn't you like a beer? Great, then I'll just get us a beer.
Christian henter øl til dem alle fire, og så sidder de og snakker til langt ud på natten og hygger sig. De aftaler at gå i byen en anden aften.	Christian gets beer for all of them, and then they sit and talk till far into the night, having a good time. They agree to go out another evening.
Mattias: *Nå, det er sent. Jeg synes, vi skal gå hjem nu. Så fortsætter vi en anden gang. Hej hej Christian, og tak for i aften.*	Mattias: Well, it is late. I think we should go home now. Then we'll continue another night. Bye, Christian, and thanks for a good evening.
Christian: *Selv tak, det er altid hyggeligt at være sammen med jer. Kom godt hjem. Vi ses.*	Christian: You're welcome, it is always fun to be with you guys. Get home safely. See you.
Pernille og Christine: *Ja, hej, godnat.*	Pernille and Christine: Yes, bye, goodnight.

Fodnoter / Footnotes

1. *Ved du hvad* is an expression which is not a real question but more of a statement comparable to, 'seriously,' or 'really.' Literally, it means "do you know what?"

2. *Langt ud på natten* is an expression meaning "far into the night."

3. *Da* is an adverb which expresses agreement or disagreement with the previous statement. Here it expresses agreement. But in sentences such as: "*Er Christine ikke dansker? Nej, hun er da amerikaner,*" *da* expresses disagreement.

GRAMMATIK / GRAMMAR

Adverbier (Biord) / Adverbs

Adverbs modify (say something about) verbs, adjectives, or the whole sentence:

Hun arbejder hårdt. (She works hard.)
Det er virkelig svært. (It is really difficult.)
Det har jeg selvfølgelig. (Of course I have that.)

Adverbs are frequently formed by adding –*t* to the adjective:

hård; hårdt (hard)
dejlig; dejligt (wonderful)
hurtig; hurtigt (fast)

Article	Adjective	Noun
en	hård	seng
en	dejlig	middag
en	god	bog
en	hurtig	middag

Pronoun	Verb	Adverb
hun	arbejder	hårdt
han	synger	dejligt
hun	læser	godt
de	spiser	hurtigt

These adverbs are conjugated in degrees like adjectives:

Michael spiser hurtigt. (Michael eats quickly [fast].)
Christine spiser hurtigere. (Christine eats more quickly [faster].)
Vibeke spiser hurtigst. (Vibeke eats most quickly [fastest].)

There are also adverbs which don't correspond to the t-form of the adjective:

desværre (unfortunately)
selvfølgelig (of course)
måske (maybe)
ikke (not)

meget (very)
først (first, at first)
senere (later)
alligevel (nonetheless)

Adverbs say something about:

place: *Christian er <u>her</u>.*
         (Christian is <u>here</u>.)
time: *Hun kommer <u>snart</u>.*
         (She is coming <u>soon</u>.)
mode: *Christine danser <u>godt</u>.*
         (Christine dances <u>well</u>.)
degree: *Michael er <u>meget glad</u> i aften.*
         (Michael is <u>very happy</u> tonight.)
reason: *Hun er træt. <u>Derfor</u> sover hun.*
         (She is tired. <u>Therefore</u>, she is sleeping.)

And if you look at where adverbs are placed in the sentence, it is possible to divide them into four groups:

Interrogative adverbs are placed in the beginning of the sentence:
<u>Hvor</u> sidder Christian?
(<u>Where</u> is Christian sitting?)

Central adverbs are placed after the verb in independent clauses, and in front of the verb in dependent clauses:
Christine studerer <u>altid</u>.
(Christine is <u>always</u> studying.)
Hun siger, at hun <u>altid</u> studerer.
(She says that she is <u>always</u> studying.)

Final adverbs are placed after the verb in independent and dependent clauses:

Pernille går ind i baren.
(Pernille walks into the bar.)
Mattias ved, at Pernille går ind i baren.
(Mattias knows that Pernille walks into the bar.)

Degree adverbs are placed in front of an adjective:

Christine er meget træt.
(Christine is very tired.)

or in front of an adverb:

Christine går meget hurtigt.
(Christine walks very fast.)

Some adverbs can be conjugated in degrees:

Positive	Comparative	Superlative	English
meget	*mere*	*mest*	much
lidt	*mindre*	*mindst*	a little
gerne	*hellere*	*helst*	(would) rather
længe	*længere*	*længst*	for a long time
ofte	*oftere*	*oftest*	often

Place / Directional Adverbs

Most place / directional adverbs have two forms:

The **short form** that indicates direction and is 'dynamic'	The **long form** that indicates place and is 'static'
ind (in)	*inde* (inside)
ud (out)	*ude* (outside)
op (up)	*oppe* (up there)

ned (down)	*nede* (down there)
hen (over, at)	*henne* (at)
hjem (home)	*hjemme* (at home)
frem (out)	*fremme* (out[side])
over (over, across)	*ovre* (over there)
om (around)	*omme* (around, over there)
bort (away)	*borte* (gone)

Eksempler / Examples:

Hun går ind i huset. She goes into the house.	*Hun er inde i huset.* She is inside the house.
Hun går ud i haven. She goes out into the garden.	*Hun er ude i haven.* She is outside in the garden.
Jeg går op ad trappen. I go up the stairs.	*Jeg er oppe på toppen af trappen.* I am up there at the top of the stairs.
Vi går ned i køkkenet. We go down into the kitchen.	*Vi er nede i køkkenet.* We are down in the kitchen.
Hvor skal du hen? Where are you going (to)?	*Hvor er du henne?* Where are you?
Går I hjem i aften? Do you go home tonight?	*Er I hjemme i aften?* Are you at home tonight?
Hun sætter kaffen frem. She puts the coffee out.	*Kaffen står fremme på bordet.* The coffee is out on the table.
Du går over gaden. You go across the street.	*Du er ovre på den anden side.* You are over on the other side.
Jeg går om hjørnet. I walk around the corner.	*Jeg er omme bag huset.* I am there behind the house.
Han kører bort fra hende. He is driving away from her.	*Han er borte fra hende i en uge.* He is gone from her for a week.

Konjunktioner (Bindeord) / Conjunctions

Conjunctions link words and sentences. They are not conjugated.

og = and; *eller* = or; link words and elements in a sentence:
De har et hus og en have.
(They have a house and a garden.)
De går og snakker sammen i haven.
(They are walking and talking in the garden.)
Drikker du kaffe eller te?
(Do you drink coffee or tea?)
Det er koldt og vådt om vinteren.
(It is cold and wet in winter.)
Er hun inde eller ude?
(Is she inside or outside?)

og = and; *eller* = or; *men* = but; *for* = for; *så* = so;
link independent clauses:
Christine ser fjernsyn, og Vibeke laver mad.
(Christine is watching TV, and Vibeke is cooking.)
Vil du drikke kaffe, eller vil du drikke te?
(Do you want to drink coffee, or do you want to drink tea?)
Michael er træt, men han vil ikke sove.
(Michael is tired, but he does not want to sleep.)
Mattias er glad, for han elsker sin kæreste.
(Mattias is happy, for he loves his girlfriend.)
Pernille studerer, så hun laver meget hjemmearbejde.
(Pernille is a student, so she does a lot of homework.)

Conjunctions can also link a dependent clause to an independent clause. It is very important to remember that there is no inversion in the independent clause after the conjunction.
Michael spiser ikke.
(Michael doesn't eat.)

Michael siger, <u>at</u> han ikke spiser.
(Michael says <u>that</u> he doesn't eat.)

The most common conjunction for dependent clauses is *at* **(that)**.

Some other conjunctions are:

Conjunction	English	Example
når	when	*Jeg sover, når jeg er træt.* I sleep when I am tired.
(i)mens	while	*Han dækker bord, (i)mens hun laver mad.* He sets the table while she cooks the food.
fordi	because	*Hun elsker ham, fordi han er rar.* She loves him because he is nice.
før	before	*Vi spiser, før vi går i byen.* We eat before we go out on the town.
så	so, therefore	*Jeg laver mad, så du ikke skal gøre det.* I cook, so you don't have to do it.
om	if / whether	*De spørger, om du vil med i biografen.* They are asking if you want to go to the movies.
idet	as	*Hun hørte ham, idet han kom ind ad døren.* She heard him as he came through the door.
da	when / as	*Han sov, da de skulle til at spise.* He slept when they were going to eat.

| *dengang* | at the time / when | *Hun læste meget, dengang hun var lille.*
 She read a lot when she was a child (little). |
| *siden* | since | *Vi har ikke snakket sammen, siden vi var børn.*
 We haven't talked to each other since we were kids. |

Præpositioner (Forholdsord) / Prepositions

As is the case in other languages, Danish prepositions are tough nuts to crack. There are no rules explaining which preposition to use in combination with verbs and nouns, so it is necessary to memorize them in the individual cases.

The most common prepositions are:

Preposition	English	Preposition	English
ad	along	*hos*	with, at
af	of, from	*før*	before
bag(ved)	behind	*i*	in
foran	in front of	*igennem*	through
fra	from, of	*imod*	against
med	with	*siden*	since
om	about	*til*	to, for
omkring	about, around	*ved*	at
over	over	*uden*	without
på	on	*under*	under

Examples of prepositions with nouns:

i = in	*et land*	a country
	en by	a city
	en gade	a street
	et hus	a house
	en lejlighed	an apartment
	et værelse	a room
	banken	the bank
	biografen	the movie theater
	butikken	the store
	kirke	church
	skole	school
	supermarkedet	the supermarket
	skoven	the woods
	Århus	Aarhus
	teatret	the theater

på = on, in	*en vej*	a road
	2. sal	2. floor
	gulvet	the floor
	loftet	the ceiling
	bordet	the table
	sofaen	the sofa

på = on, in, at	*apoteket*	the pharmacy
	arbejde	work
	besøg hos	visit at
	biblioteket	the library
	ferie	vacation
	kontoret	the office
	sygehuset	the hospital
	mandag	Monday
	universitetet	the university

til = to	*fest*	party
	Frankrig	France
	frisør	hairdresser
	koncert	concert
	læge	doctor
	stranden	the beach
	tandlæge	dentist
	Århus	Aarhus

hos = at	*en bager*	a baker
	en boghandler	a bookstore
	en fiskemand	a fishmonger
	en købmand	a grocer
	en læge	a doctor
	en psykolog	a psychologist
	en terapeut	a therapist
	en tandlæge	a dentist

Examples of prepositions and verbs:

Her er en gave til dig.
(Here is a present for you.)
Christine ringer til sin mor.
(Christine calls her mother.)
Hun sender email til sin far.
(She sends an email to her father.)
Vi skal have koteletter til middag.
(We are having chops for dinner.)

Gaven er fra mig.
(The present is from me.)
Hun får en mail fra sin far.
(She gets a mail from her father.)

Vibeke får blomster <u>af</u> Michael.
(Vibeke gets flowers <u>from</u> Michael.)
Hun har et billede <u>af</u> sine sønner.
(She has a picture <u>of</u> her sons.)

Hun tager til Danmark <u>for</u> at lære dansk.
(She goes to Denmark <u>to</u> learn Danish.)
De går i supermarkedet <u>for</u> at købe ind.
(They go to the supermarket <u>to</u> shop.)

Examples of fixed expressions:

af og til	from time to time
efter min mening	according to my opinion
for det meste	most often
for øjeblikket	at the moment
i reglen	as a rule
i virkeligheden	really, in reality
med det samme	at once
oven i købet	on top of things
på tide	about time
til sidst	at last

ORDLISTE / VOCABULARY

aftale, at	agree, to arrange
biograf, n	movie theater
derhjemme	at home, back home
enkelt	single
for meget	too much
fortsætte, at	continue

forvirret	confused
gå ud med, at	go out with
gang, n	time
glemme, at	forget
have det sjovt, at	have fun
have travlt, at	be in a hurry
heldigvis	luckily
hjørne, t	corner
holde kontakt, at	stay in touch, keep in contact
høre, at	listen to, to hear
hoved, t	head, brain
idé, n	idea
ihærdigt	assiduously
jakke, n	jacket, coat
jamen	yes but
klar	ready
lækker	cool, nice
langt ud på natten	far into the night
ligesom	kind of
med det samme	at once, right away
mens	while
planlægge, at	plan
ret	pretty, rather
ro, n	quiet
særlig	especially
sent	late
sidde fast, at	stick
sige til, at	say to

sjovt	fun
skrive, at	write
slappe af, at	relax
smut, t	trip, stop
stereoanlæg, t	stereo
synes, at	think, to feel
tænde, at	turn on
tænke, at	think
tid, n	time
trænge til, at	need
være enig om, at	agree
vej, n	road, a way
vildt	wild

ØVELSER / EXERCISES

1. **Indsæt adverbiet 'ikke' på den rigtige plads i hovedsætningen.**
   Insert the adverb *'ikke'* in the independent clause.

   Example: Jeg læser en god bog.
   <u>Jeg læser ikke en god bog</u>.

   1. Hun spiser aftensmad kl. 18. _____
   2. De laver mad sammen. _____
   3. Vi sover til kl. 12. _____
   4. Der er en god film i fjernsynet. _____
   5. Hun drikker en øl i baren. _____
   6. De snakker sammen hele natten. _____

2. *Indsæt adverbiet 'ikke' på den rigtige plads i bisætningen.*
   Insert the adverb *'ikke'* in the dependent clause.

   Example: Jeg håber, at han kommer i dag.
   <u>Jeg håber, at han ikke kommer i dag.</u>

   1. Vi ser, at han sidder i hjørnet. _____
   2. Han siger, at han henter øl. _____
   3. De siger, at de går nu. _____
   4. Vi drikker te, fordi det er varmt. _____

   Note: For independent clauses with the words: *at synes* (to think); *at tro* (to think, believe); and *at tænke* (to think, assume) followed by a dependent clause, place the negation in the independent clause following these verbs rather than placing it in the dependent clause.
   Example: Jeg tror, at hun er glad i aften.
   <u>Jeg tror ikke, hun er glad i aften.</u>

   5. Vi tror, de læser mange bøger. _____
   6. De synes, at det er en god film. _____
   7. De tænker, at festen bliver sjov. _____

3. *Indsæt den rigtige, bøjede form af adverbiet.*
   Insert the correct, conjugated form of the adverb.

1. (meget) Mattias synger _____ end Christine.
2. (lidt) Vibeke spiser _____ end Michael.
3. (gerne) Jeg vil _____ have en kop te.
4. (længe) Hun studerer _____ , end han gør.
5. (ofte) De går _____ i byen om lørdagen.

4. *Indsæt den korte eller lange form af adverbiet.*
   Insert the short or long form of the adverb.

1. (op) De går _____ ad trappen til køkkenet.
2. (ind) Vi spiser _____ i spisestuen.
3. (ud) Der er meget smukt _____ i skoven.
4. (hen) Hvor skal du _____?
5. (over) Hun ser Michael _____ på den anden side af gaden.
6. (ned) Vi sidder _____ på gulvet og ser fjernsyn.
7. (hjem) Vil du med _____ i aften?
8. (om) Jeg har min cykel _____ i haven.
9. (frem) Der er te _____ på bordet.
10. (bort) De kører _____ på cykel.

5. *Indsæt den rigtige præposition.*
Insert the correct preposition.

1. Han går ud ____ køkkenet ____ at lave mad.
2. Hun sender en mail ____ sin mor og ringer ____ sin far.
3. Jeg har en gave ____ dig ____ din mor.
4. Vi kommer ____ besøg ____ morgen.
5. Jeg skal ____ læge i morgen. ____ lægen er der ikke sjovt.
6. Hun bor ____ Mattias og snakker ____ hans forældre.
7. Vi skal ____ ferie ___ Frankrig ____ en uge.
8. Vi rejser ____ morgen og kører ____ tog ____ Paris.

6. *Oversæt til dansk.*
Translate into Danish.

1. We work very hard and study far into the night.

   _____

2. They think it would be nice to go out.

   _____

3. She likes watching movies at the movie theater.

   _____

4. First she will get her coat, and then she is ready.

   _____

5. They agree that the movie is funny and exciting.

   _____

6. On their way home, they want to get a beer in a bar.

   _____

7. A friend is sitting in the corner and speaks to them.

   _____

8. He wants to sit with them, and he gets beer.

   _____

9. They all have a good time and stay out late.

_____

10. They also want to meet each other again and have fun.

_____

11. They have not had too much to drink, so they can drive home.

_____

12. But they don't have a car, so they take the bus.

_____

13. She is relaxed now, for she likes to talk to friends.

_____

14. They all listen to the music from the stereo and the computer.

_____

(See answer key, pages 284–285.)

Lektion 7
Jeg har brug for noget nyt tøj!

Lesson 7
I need some new clothes!

En lørdag morgen i begyndelsen af november har Vibeke og Pernille aftalt med Christine, at de skal tage i byen sammen for at købe nyt tøj til Christine.

A Saturday morning in the beginning of November, Vibeke and Pernille have agreed with Christine that they go out shopping together for new clothes for Christine.

Vibeke:
Skal vi ikke[1] bare tage bussen ind til byen? Så behøver vi ikke at finde en parkeringsplads. Det er ret håbløst lørdag formiddag.

Vibeke:
Why don't we just take the bus into town? Then we don't have to find a parking spot. It is pretty hopeless on a Saturday morning.

Pernille:
Jo, lad os bare det. Så kan vi stå af ved Banegårdspladsen[2] og starte i Bruuns Galleri.[3] Ved du, hvad for noget tøj du gerne vil have, Christine?

Pernille:
Yes, let us just do that. Then we can get off at Banegårdspladsen and start in Bruuns Galleri. Do you know what kind of clothes you would like, Christine?

Christine:
Både ja og nej. Jeg vil gerne have noget rigtig dansk tøj, så jeg ikke længere ser ud som en amerikaner, og jeg har virkelig brug for noget varmt vintertøj, nu hvor det bliver koldere.

Christine:
Both yes and no. I would like some real Danish clothes, so I don't look like an American any longer, and I really need some warm winter clothes now that it is getting colder.

Pernille:
Det er fint nok. Der er masser af butikker, og der er sikkert udsalg eller gode tilbud de fleste steder.

Pernille:
That is just fine. There are lots of stores, and there is probably a sale or bargains in most places.

De tager bussen ind til byen og skynder sig ind i Bruuns Galleri. Det begyndte nemlig at regne, mens de sad i bussen.	They take the bus into town and hurry into Bruuns Galleri. It started to rain while they were sitting in the bus.
Vibeke: *Uh, sikken et møgvejr. Hvorfor skal det altid være så koldt og trist i november? Sidste år var det også væmmelig koldt på det her tidspunkt.*	Vibeke: Ugh, what nasty weather. Why does it always have to be so cold and drab in November? Last year it was also disgustingly cold at this time.
Pernille: *Ja, men skidt med det. Vi er jo inden døre, og det er sjovt at se på tøj. Skal vi starte i den her butik, Christine? De har noget fedt tøj, som garanteret vil passe dig. Hvad størrelse bruger du?*	Pernille: Yes, but never mind. We are indoors, and it is fun to look at clothes. How about starting in this store, Christine? They have some cool clothes which are sure to fit you. What size are you?
Christine: *Tja, i USA brugte jeg en størrelse 4,[4] men jeg ved ikke, hvad det svarer til her. Jeg tror også, jeg har taget lidt på, siden jeg kom til Danmark. Vi har spist alt for meget god mad!*	Christine: Well, in the USA I was a size 4, but I don't know what that corresponds to here. I also think I have gained a bit of weight since I came to Denmark. We have had way too much good food!
Vibeke: *Ja, men det er jo også, fordi du har lavet mad så mange gange. Lad os prøve[5] at starte med en størrelse 38. Det svarer til en medium, og så kan du se, om det er den rigtige.*	Vibeke: Yes, but that is also because you have cooked so many times. Why don't we start with a size 38. That corresponds to a medium, and then you can see if that is the right one.

Pernille:
Her er nogle lækre røde[6] uldne[7] sweaters til vinter. Og der er nogle flotte sorte fløjlsbukser, som ikke er ret dyre. Var det noget? Fløjlsbukser er varmere end cowboybukser, synes jeg, så jeg bruger dem meget om vinteren. Har du egentlig en varm vinterjakke?

Christine:
Ja, jeg har min blå dunjakke, men jeg kunne godt tænke mig en brun læderjakke også. Jeg så en pige i går, der havde en superflot lang læderfrakke på, og sådan en kunne jeg godt tænke mig.

Vibeke:
Det kan vi finde nede ad Strøget,[8] er jeg sikker på. Hvad med hvide skjorter? Har du brug for det? Og her er der også nogle bløde langærmede t-shirts af bomuld i forskellige farver. De er på tilbud.

Christine:
Dem prøver jeg lige. Hvor er prøverummet? Gider I godt at vente imens?

Pernille:
Ja da. Vi kigger bare videre, og hvis størrelserne ikke passer,[9] kan vi finde nogle andre til dig.

Pernille:
Here are some cool red woolen sweaters for winter. And there are some nice black corduroy pants which aren't too expensive. What do you think? Corduroy pants are warmer than jeans, I think, so I use them a lot in winter. Do you have a warm winter coat?

Christine:
Yes, I have my blue down coat, but I would really like a brown leather coat as well. I saw a girl yesterday who was wearing a super cool long leather coat, and I would like one like that.

Vibeke:
We can find that down Strøget, I am sure. How about white shirts? Do you need that? And here are also some soft long-sleeved cotton t-shirts in various colors. They are on sale.

Christine:
I'll just try them on. Where is the fitting room? Would you mind waiting while I do it?

Pernille:
Sure. We'll just keep looking, and if the sizes don't fit, we can find some others for you.

Christine: *Se her. Hvad synes I? Jeg kan godt lide den grønne bomuldsbluse sammen med den hvide skjorte. De passer også rigtig godt. Men er bukserne ikke for korte?*	Christine: Look here. What do you think? I like the green cotton shirt with the white shirt. They also fit me really well. But aren't the pants too short?
Pernille: *Jo, hvis du skal have højhælede sko eller støvler på. Jeg finder lige et par, der er længere. Hvad med sweaterne?*	Pernille: Yes, if you are wearing high-heeled shoes or boots. I'll just find a longer pair. How about the sweaters?
Christine: *De er rigtig søde og varme. Jeg tror, jeg vil have den stramme sweater, for jeg har nok løse sweatshirts.*	Christine: They are really cute and warm. I think I want the tight sweater, for I have enough loose sweatshirts.
Vibeke: *Du ser faktisk helt dansk ud i det tøj. Flot! Det klæder⁹ dig! Lad os så betale og komme videre. Der er masser af ting at se på i byen.*	Vibeke: You actually look quite Danish in those clothes. Great! They look good on you! Let us pay and move on. There are lots of things to look at in town.
De betaler tøjet og går ud af Bruuns Galleri og ned ad Strøget. Der er mange mennesker og butikker, og de standser ved en skobutik.	They pay for the clothes and leave Bruuns Galleri and walk down Strøget. There are lots of people and stores, and they stop at a shoe store.
Christine: *Nej, se de højhælede støvler der. Dem vil jeg godt prøve til mine nye bukser. Skal vi ikke gå derind?*	Christine: Oh, look at those high-heeled boots. I would like to try those on with my new pants. Shouldn't we go in there?

Vibeke: *Jo, det er en god butik. Hvad størrelse sko bruger du?*	Vibeke: Yes, that is a good store. What size shoes do you use?
Christine: *Jeg bruger 7½[10] i USA, men det er jo nok heller ikke det samme her?*	Christine: I use 7½ in the U.S., but that is probably not the same here?
Pernille: *Prøv at se, hvor store dine fødder er i forhold til mine. Jeg bruger størrelse 39, og jeg tror også, det er din størrelse.*	Pernille: See how big your feet are compared to mine. I use size 39, and I think that is your size too.
Christine: *Nej, hvor er de støvler lækre at have på. Synes I ikke, jeg også skal købe dem? Er de dyre?*	Christine: Oh, how those boots are comfortable to wear. Don't you think I should buy them as well? Are they expensive?
Vibeke: *Nej, det er ikke så galt, og de passer flot til dine bukser og din jakke. Dem skal du nok blive glad for.*	Vibeke: No, that is not so bad, and they go well with your pants and your coat. You will definitely be happy with them.
Pernille: *Jeg har haft mine støvler i to år, og de er stadigvæk rigtig pæne, så det kan godt betale sig at købe kvalitet. Billige støvler holder ikke ret længe.*	Pernille: I have had my boots for two years, and they still look really nice, so it pays to buy quality. Cheap boots don't last very long.
Christine: *Nej, det har du ret i. Men nu er det vist også på tide at sidde lidt ned, før vi går videre.*	Christine: No, you are right! But isn't it about time now that we sit down a bit before we go on.

De betaler støvlerne, og så tager de en kop kaffe, før de fortsætter deres indkøbstur.	They pay for the boots, and then they grab a cup of coffee before they continue their shopping.
De var godt trætte, da de kom hjem igen ved 16-tiden om eftermiddagen. Det havde været en god bytur.	They were very tired when they got back home around 4 in the afternoon. It had been a good shopping expedition.

Fodnoter / Footnotes

1. *Ikke* is the most common negation. (See Grammar, page 148.)

2. *Banegårdsplads* is the square outside the railway station in the middle of Århus.

3. *Bruuns Galleri* is a fairly new indoor mall right next to and connected with the main railway station.

4. Danish sizes are different from American ones. Clothes are in either L(arge), M(edium), or S(mall), or number sizes starting around 32 and jumping two: 32, 34, 36, 38, 40, etc.

5. *At prøve* (to try) is used in its literal sense, but also, like here, very frequently as an encouragement. It doesn't literally mean that you should try to do something, but instead it means "let us do something."

6. *Rød* is the color red. Some other colors are:

blå	blue	*pink*	pink
grøn	green	*gul*	yellow
hvid	white	*sort*	black
brun	brown	*lilla*	purple
orange	orange		

7. *Uld* is wool. The adjective is *ulden*. Some other materials are:

bomuld	cotton	*viscose*	rayon
acryl	acrylic	*silke*	silk

8. *Strøget* is the long pedestrian street down the middle of Århus.

9. *At passe* means to fit size-wise. *At klæde* means to fit in the sense that it looks good on you.

10. Danish shoe sizes for women start around 36, and men's around 40. Shoes and boots normally come in whole and half sizes.

GRAMMATIK / GRAMMAR

Nægtelser / Negations

ikke (not)
ikke altid (not always)
aldrig (never)

In an independent clause, the negation comes after the verb:
Hun spiser ikke morgenmad.
(She does not eat breakfast.)
Hun spiser ikke altid morgenmad.
(She does not always eat breakfast.)
Hun spiser aldrig morgenmad.
(She never eats breakfast.)

If there are more adverbs, *ikke, ikke altid*, and *aldrig* are the last adverbs in the sentence:
Jeg vil alligevel ikke købe bukserne.
(I do not want to buy the jeans after all.)
Hun siger faktisk ikke altid, hvad hun tænker.
(Actually, she does not always say what she thinks.)
De er bestemt ikke altid søde.
(They are definitely not always nice.)
Hun kommer sikkert aldrig til middag.
(She will probably never come to dinner.)

In a dependent clause, the negation is in front of the verb:
Hun siger, at hun ikke spiser morgenmad.
She says that she doesn't eat breakfast.
Hun siger, at hun ikke altid spiser morgenmad.
She says that she doesn't always eat breakfast.
Hun siger, at hun aldrig spiser morgenmad.
She says that she never eats breakfast.

Verbets Former og Tider / Verb Tenses

Verbs have four forms and four tenses in Danish:

Forms:

Verb Group	*Imperativ (Bydemåde)* / Imperative	*Infinitiv (Navneform)* / Infinitive	*Præsens participium (Lang tillægsform)* / Present Participle	*Perfektum participium (Kort tillægsform)* / Past Participle
1)	*spis* (eat)	*at spise* (to eat)	*spisende* (eating)	*spist* (eaten)
2)	*vask* (wash)	*at vaske*	*vaskende*	*vasket*
3)	*skriv* (write)	*at skrive*	*skrivende*	*skrevet*
3)	*hold* (hold)	*at holde*	*holdende*	*holdt*

About 90 percent of all regular verbs follow group 2.

Tenses:

Verb Group	*Præsens (Nutid)* / Present tense	*Imperfektum (Datid)* / Past tense	*Perfektum (Før-Nutid)* / Present Perfect	*Pluskvamperfektum (Før-Datid)* / Past Perfect
1)	*spiser* (eats)	*spiste* (ate)	*har spist* (has eaten)	*havde spist* (had eaten)
2)	*vasker* (washes)	*vaskede*	*har vasket*	*havde vasket*
3)	*sover* (sleeps)	*sov*	*har sovet*	*havde sovet*
3)	*holder* (holds)	*holdt*	*har holdt*	*havde holdt*

Endings for the three groups:

1)	-er	-te	-t	-t
2)	-er	-ede	-et	-et
3)	-er	- / -t	-et / -t	-et / -t

Hun spiser morgenmad i dag.
(She eats breakfast today.)
Hun spiste på restaurant i aftes.
(She ate at a restaurant last night.)
Hun har spist to kager i dag.
(She has eaten two cakes today.)
Hun sagde, at hun havde spist for meget i går.
(She said that she had eaten too much yesterday.)

Note: Some verbs whose imperative form ends in a vowel do not add an *-e* in the infinitive, and in the present they only add *-r*:

at få (to get)	*at gå* (to go, walk)	*at le* (to laugh)	*at se* (to see)	*at slå* (to hit, strike)	*at stå* (to stand)
får	*går*	*ler*	*ser*	*slår*	*står*

at bo (to live)	*at gø* (to bark)	*at nå* (to reach)	*at sy* (to sew)	*at tro* (to believe)
bor	*gør*	*når*	*syr*	*tror*

Present Tense:

The **present tense** is formed by adding *-er* to the imperative form (the stem), or *-r* to the infinitive.

It is used:

1. About that which is going on at the present moment:
   Hun spiser en kage nu.
   (She is eating a cake now.)

2. About that which is always the case:
   Århus ligger i Jylland.
   (Aarhus is in Jutland.)

3. About the future:
   Jeg kommer kl. 18.
   (I will come at 6 pm.)

Note: Danish doesn't have progressive tenses. The progressive tense is translated into a regular tense:
   Jeg sover. (I am sleeping.)
   Jeg læste. (I was reading.)

Past Tense:

The **past tense** is formed by adding *–ede* or *–te* to the imperative form (the stem). A large group of verbs (group 3 above) are irregular.

The **past tense** is used:

1. About something which took place at a time in the past:
   Hun spiste morgenmad i går.
   (She ate breakfast yesterday.)

2. About a specific period of time in the past:
   Jeg sad i bussen i en time.
   (I sat on the bus for an hour.)

3. About something you wish for, or to be polite:
   Jeg ville gerne komme i går, men jeg kunne ikke.
   (I wanted to come yesterday, but I couldn't.)
   Kunne jeg få en kop te?
   (Could I have a cup of tea?)

Present Perfect Tense:

The **present perfect tense** is formed by using the auxiliary verb *har* and the past participle:
  Jeg har spist. (I have eaten.)
  Jeg har vasket mig. (I have washed.)

Some verbs use the auxiliary verb *er* and the past participle, for example:
  Jeg er gået. (I have gone.)
  Jeg er begyndt. (I have begun.)
  Jeg er blevet mor. (I have become a mother.)

The **present perfect** tense is used:

1. About something happening before the present time:
    Har du spist [før nu]?
    (Have you eaten [before now]?)
    Jeg har vasket mig, så nu kan jeg sove.
    (I have washed, so now I can sleep.)

2. About something which has begun in the past but is
    stretching into the present time:
    *Jeg har spist koteletter i tre dage [og jeg spiser dem
       stadigvæk].*
    (I have been eating chops for three days [and I'm still
       eating them].)

3. With an independent clause in the future to indicate
    something that takes place before the future action:
    Skal vi ikke gå en tur, når vi har spist?
    (Should we not go for a walk when we have eaten?)

Difference between the past tense and the perfect tense:

The past tense emphasizes the activity:
I aftes spiste vi midagsmad/aftensmad kl. 19.
(Last night we ate dinner at 7 pm.)

The perfect tense emphasizes the result:
Jeg er ikke sulten, for jeg har spist.
(I am not hungry, for I have eaten.)

Past Perfect Tense:

The **past perfect tense** is formed by using the auxiliary verb *havde* and the past participle:
Jeg havde spist. (I had eaten.)
Jeg havde vasket mig. (I had washed.)

Some verbs use the auxiliary verb *var* and the past participle, for example:
Jeg var gået. (I had gone.)
Jeg var begyndt. (I had begun.)
Jeg var blevet mor. (I had become a mother.)

The **past perfect tense** is used:

1. About something happening before the present time:
   *Vi havde spist så meget til aften, at vi ikke kunne /
       behøvede at spise før næste morgen.*
   (We had eaten such a large dinner that we didn't need to
       eat until the next morning.)
   *Jeg havde læst bogen i går, så jeg kunne gå til eksamen
       i dag.*
   (I had read the book yesterday, so I could take the exam
       today.)

2. About something one is imagining:
   Hvis jeg havde spist lidt mere i går, havde jeg ikke været
   så sulten i dag.
   (If I had eaten a bit more yesterday I would not have
   been so hungry today.)

3. About something one had wished one had done in the
   past:
   Bare jeg havde spist lidt mindre i går [men det gjorde
   jeg ikke].
   (I wish I had eaten a bit less yesterday [but I didn't].)
   Bare jeg havde læst mere, mens jeg gik på universitetet
   [men det gjorde jeg ikke].
   (I wish I had studied more while at the University [but I
   didn't].)

Irregular Verbs:

There are approximately 120 irregular verbs. Almost all of them are only irregular in the past and perfect tenses, so it is sufficient to memorize the infinitive, past and perfect tense in order to know the entire verb. Some of the most common irregular verbs are listed here. Complete lists can be found in most dictionaries.

Infinitive	Present tense	Past tense	Perfect tense	English
at blive	*bliver*	*blev*	*er blevet*	to become
at bringe	*bringer*	*bragte*	*har bragt*	to bring
at drikke	*drikker*	*drak*	*har drukket*	to drink
at give	*giver*	*gav*	*har givet*	to give
at gøre	*gør*	*gjorde*	*har gjort*	to do
at holde	*holder*	*holdt*	*har holdt*	to hold
at komme	*kommer*	*kom*	*er kommet*	to come
at ligge	*ligger*	*lå*	*har ligget*	to lie
at lægge	*lægger*	*lagde*	*har lagt*	to lay
at løbe	*løber*	*løb*	*har / er løbet*	to run
at sidde	*sidder*	*sad*	*har siddet*	to sit
at sætte	*sætter*	*satte*	*har sat*	to set
at sige	*siger*	*sagde*	*har sagt*	to say
at skrive	*skriver*	*skrev*	*har skrevet*	to write
at spørge	*spørger*	*spurgte*	*har spurgt*	to ask
at synge	*synger*	*sang*	*har sunget*	to sing
at tage	*tager*	*tog*	*har taget*	to take
at vide	*ved*	*vidste*	*har vidst*	to know

Ubestemte Pronominer / Indefinite Pronouns: *nogen, nogle, noget*

Nogen and *nogle* indicate a small indefinite number of countable objects. There is no difference in the pronunciation of the two words.

Nogen + a noun = any:
   Er der <u>nogen</u> hjemme?
   (Is there <u>any</u>one home?)

Nogle + a noun = some:
   Michael har taget <u>nogle</u> kager med hjem.
   (Michael has brought <u>some</u> cakes home with him.)

Noget is used about an indefinite amount which is uncountable:
   Hvad for <u>noget</u> tøj vil du helst have?
   (<u>Which</u> clothes would you prefer?)
   Jeg har <u>noget</u> ost og vin i køkkenet.
   (I have <u>some</u> cheese and wine in the kitchen.)

ORDLISTE / VOCABULARY

behøve, at	need
betale, at	pay
blød; hård	soft; hard
bruge, at	use
bytur, n	shopping expedition
både	both
dunjakke, n	down coat
dyr; billig	expensive; cheap
dårlig; god	bad; good
eftermiddag, n	afternoon
egentlig	actually, really
faktisk	actually
fløjlsbukser, n, pl	corduroy pants, velvet pants
fod, n	foot

formiddag, n	morning
gal	bad, angry
garanteret	with guarantee, surely
gide, at	care to, like to, feel inclined to
gå videre, at	go on, move on
have brug for, at	need
heller ikke	not … either
højhælet	high-heeled
håbløst	hopeless
i forhold til	in relation to, compared to
imens	meanwhile, in the meantime
inden døre	indoors
indkøbstur, n	shopping trip
kigge, at	look
komme videre, at	go on, move on
kort; lang	short; long
kvalitet, n	quality
langærmet; kortærmet	long-sleeved; short-sleeved
læderjakke, n	leather coat
masse, n / masser	lots
nemlig	namely, for, that is
parkeringsplads, n	parking spot
prøverum, t	fitting room
se på, at	look at
se ud som, at	look like
skidt med	never mind
skynde sig, at	hurry
standse, at	stop

sted, t	place
stram; løs	tight; loose
størrelse, n	size
stå af, at	get off
svare til, at	correspond to
tage på, at	gain weight
tidspunkt, t	time, period
tilbud, t	bargain, special offer
tja	well
trist	sad, drab
udsalg, t	sale
væmmelig, møg-	disgusting

UDTRYK / EXPRESSIONS

Lad os bare det.	Let us just do that.
Både ja og nej.	Both yes and no.
Føj, sikken et møgvejr.	Ugh, what nasty weather.
Skidt med det.	Never mind.
Var det noget?	Would that interest you? Would that be something for you?
Hvad med ...	How about ...
Gider I godt ...	Would you mind ...

ØVELSER / EXERCISES

1. ***Indsæt nægtelserne i begge sætninger.***
   Insert the negations in both clauses.

1. (ikke) Jeg spiser morgenmad, når jeg står op.
2. (ikke) Jeg spiser morgenmad, når jeg er stået op.
3. (ikke altid) Hun spiser morgenmad, når hun står op.

4. (ikke altid) Hun spiser morgenmad, når hun er stået op.
5. (aldrig) Han spiser morgenmad, når han står op.
6. (aldrig) Han spiser morgenmad, når han er stået op.
7. (ikke) Læste vi en god bog, mens vi sad ned i bussen?
8. (ikke altid) Læste de en god bog, når de sad ned i bussen?
9. (aldrig) Læste I en god bog, mens I sad ned i bussen?

2. *Indsæt Datid af verbet.*
   Insert the verb in the past tense.

1. (at spise) De _____ morgenmad.
2. (at læse) Vi _____ mange bøger.
3. (at gå) Vi _____ en tur.
4. (at sove) Jeg _____ fire timer.
5. (at begynde) Du _____ på dit hjemmearbejde.
6. (at passe) Den bluse _____ hende.
7. (at sidde) Hun _____ i bussen i en halv time.
8. (at komme) Han _____ til festen med bus.
9. (at finde) Vi _____ en parkeringsplads.
10. (at drikke) Jeg _____ champagne.

3. *Indsæt Før-Nutid af verbet.*
   Insert the verb in the present perfect tense.

1. (at spise) De _____ morgenmad.
2. (at læse) Vi _____ mange bøger.
3. (at gå) Vi _____ en tur.
4. (at sove) Jeg _____ fire timer.
5. (at begynde) Du _____ på dit hjemmearbejde.
6. (at passe) Den bluse _____ hende.
7. (at sidde) Hun _____ i bussen i en halv time.
8. (at komme) Han _____ til festen med bus.
9. (at finde) Vi _____ en parkeringsplads.
10. (at drikke) Jeg _____ champagne.

4. *Indsæt Før-Datid af verbet og gør sætningen negativ.*
Insert the verb in the past perfect tense and negate the
sentence.

   Example: (at se) De _____ ret mange pæne bluser.
   De <u>havde ikke set</u> ret mange pæne bluser.

   1. (at spise) De _____ morgenmad i går.
   2. (at læse) Vi _____ mange bøger.
   3. (at gå) Vi _____ en tur.
   4. (at sove) Jeg _____ fire timer.
   5. (at begynde) Du _____ på dit hjemmearbejde i går.
   6. (at passe) Den bluse _____ hende.
   7. (at sidde) Hun _____ i bussen i en halv time.
   8. (at komme) Han _____ til festen med bus.
   9. (at finde) Vi _____ en parkeringsplads.
   10. (at drikke) Jeg _____ champagne i går.

5. *Indsæt nogen, noget, eller nogle.*
Insert *nogen, noget,* or *nogle.*

   1. Vi har ikke _____ bil.
   2. Jeg har ikke _____ tøj.
   3. Jeg har købt _____ gode bøger.
   4. Vi har _____ problemer med vores fjernsyn.
   5. Kan du sige _____ godt om ham?
   6. Har du _____ børn?

6. *Oversæt til dansk.*
Translate into Danish.

   1. We can't find a parking spot in town.

   _____

2. In the morning it is hopeless to drive into town.

_____

3. I really need some new clothes for winter.

_____

4. My coat is nice and warm, but I would like a short coat.

_____

5. The red colors look good on you.

_____

6. What kind of blouses do you need?

_____

7. I want some high-heeled boots for my new pants.

_____

8. The weather is disgusting in November because it rains and is cold.

_____

_____

9. Never mind. When we are indoors, we can have fun.

_____

10. I like shopping for clothes with my friends.

_____

11. When they got tired, they sat down and had a cup of coffee.

_____

12. After they had looked for half an hour, they found a shoe store.

_____

13. When she had found her new boots, she was very happy.

_____

14. They were really tired when they came home in the afternoon after their shopping expedition.

_____

_____

(See answer key, pages 285–287.)

Lektion 8
Lad os gå i byen!

Lesson 8
Let's go out!

I december måned tager mange danskere til julefrokost, ikke én men flere gange. Christian har inviteret Christine med til julefrokost hos nogle venner, og bagefter skal de mødes med Pernille og Mattias på et diskotek.

In the month of December, many Danes go to "Christmas luncheons," not just once but several times. Christian has invited Christine to a Christmas luncheon at some friends' house, and afterwards they are meeting Pernille and Mattias at a discotheque.

Christine:
Nu kan jeg altså ikke spise mere.

Christine:
I really can't eat any more now.

Christian:
Jamen, vi er jo først lige kommet til osten, og du skal bestemt smage et rigtig dansk ostebord!

Christian:
But we have only just gotten to the cheese, and you certainly have to taste a real Danish cheese spread.

Christine:
Jeg vil gerne smage, men jeg kan simpelthen ikke mere lige nu. Vent lidt, så får jeg min appetit tilbage! Det var godt nok et stort måltid, og vi har jo også spist hele eftermiddagen!

Christine:
I would like to taste, but I simply can't eat any more right now. Wait a bit, and I will get my appetite back. That was truly a large meal, and we have been eating all afternoon!

Christian:
Ja, i Danmark tager man sin julefrokost alvorligt! Det er lige så godt som at gå på restaurant, og så er det ikke så dyrt!

Christian:
Yes, in Denmark Christmas luncheons are taken seriously! It is just as good as going to a restaurant, and then it isn't as expensive!

Christine:
Er det dyrt at spise på restaurant i Danmark? Jeg har ikke prøvet det endnu!

Christine:
Is it expensive to eat in a restaurant in Denmark? I haven't tried it yet!

Christian:
Ja, for det meste; men du kan sagtens finde billige steder— caféer, bistroer, pizzariaer, burger-barer eller cafeteriaer, hvor du kan spise godt og nogenlunde billigt. Lad os prøve det en aften.

Christian:
Yes, most of the time, but it is fairly easy to find inexpensive places—cafés, bistros, pizzerias, burger bars, or cafeterias where you can eat well and fairly inexpensively. Let us do that one evening.

Christine:
Ja, det kunne være rigtig sjovt, hvis det er et sted, som ikke er for dyrt! Ræk mig lige et stykke ost—nu kan jeg godt spise lidt igen!

Christine:
Yes, that would be really fun if there is a place which isn't too expensive. Please hand me a piece of cheese—I can eat a bit again now!

Christian:
Superfint! Værsgo[1]! Du skal prøve en rund Havarti og en Danablue først. De skal spises med kiks eller knækbrød.

Christian:
Great! There you are! You must try a round Havarti and a Danablue first. You eat them with a cracker or crisp bread.

Christine:
Jamen, så giv mig også en kiks. De står på bordet til højre for[2] osten. Tak.

Christine:
Well, yes, but then give me a cracker as well. They are on the table to the right of the cheese. Thanks.

Christian:
Så synes jeg, vi skal sige farvel til mine venner og gå ud for at mødes med Mattias og Pernille. De venter sikkert på os.

Christian:
And then I think we should say good-bye to my friends and go to meet Mattias and Pernille. They are probably waiting for us.

Christine:
Nå, det tror jeg nu ikke. De skulle også til julefrokost i dag. Ved du, hvor vi skal møde dem?

Christine:
Well, I don't think so. They also had a Christmas luncheon today. Do you know where we're meeting them?

Christian:
Ja, det tror jeg da. Vi skal til højre ad Ringgaden, til venstre ned ad Randersvej, til højre ad Strandvejen, og så ligger diskoteket på venstre hånd efter lyskrydset ved Åboulevarden. Men vi kan da også tage en taxa—det er nemmere.

Christian:
Yes, I think so. We are going right down Ringgaden, left down Randersvej, right on to Strandvejen, and then the discotheque is on our left after the traffic light at Åboulevarden. But we can also take a cab—that is easier.

Christine:
Okay. Jeg kan i hvert fald ikke køre, efter de snaps, jeg fik. Drikker man altid snaps til julefrokoster?

Christine:
OK. At least I can't drive after the schnapps I had. Is schnapps always drunk at Christmas luncheons?

Christian:
Ja, næsten altid. Men der kan skam også drikkes snaps til andre måltider! Jeg ringer lige efter en taxa.

Christian:
Yes, almost always. But schnapps can certainly also be drunk at other meals. I'll just call a cab.

Christine og Christian siger farvel og tak til hans venner, og så kører de til diskoteket "Train," hvor de har aftalt at mødes. Christian opdager, at han har glemt sin hue, som han godt kan lide, hos sine venner, men han beslutter, at han vil hente den dagen efter, for de er allerede sent på den.

Christine and Christian say good-bye and thank you to his friends and then they ride to the discotheque "Train" where they have agreed to meet. Christian discovers that he has forgotten his hat which he likes a lot at his friends' place, but he decides that he will pick it up the next day for they are already running late.

Mattias:
Hej, der er I endelig. Vi troede ikke, I kunne finde vej herned. Vi har ventet på jer en time. Her er propfyldt af mennesker, men det lykkedes os at finde et bord.

Mattias:
Hi, there you are, finally. We thought you couldn't find your way down here. We have been waiting for you for an hour. It is very crowded, but we managed to find a table.

Christian: *Godt. Hvor er det?*	Christian: Good. Where is it?
Pernille: *Det er lige fremme, til højre, og så ovre i hjørnet. Gå bare over og sæt jer ned. Så kommer jeg med noget. Hvad vil I drikke? De har tilbud på nogle drinks, der er ret lækre.*	Pernille: It is straight ahead, on the right, and then in the corner. Just go over there and sit down. Then I will bring something. What do you want to drink? They have some special offers on drinks that are really cool.
Christine: *Jeg vil bare gerne have en sodavand. Jeg har fået nok alkohol i dag.*	Christine: I would just like a soda. I have had enough alcohol today.
Christian: *Jeg vil gerne have en øl, tak. Det må godt være en Tuborg.*	Christian: I would just like a beer, thanks. It would be nice with a Tuborg.
Pernille: *Fint, så henter jeg en sodavand og en øl til jer, og to margaritaer til os, ikke Mattias?*	Pernille: Great, then I will get a soda and a beer for you, and two margaritas for us, right Mattias?
Mattias: *Jo tak, og så skal vi danse. Hvordan var jeres julefrokost?*	Mattias: Yes, please. And then we'll dance. How was your Christmas luncheon?
Christine: *Det var rigtig rigtig sjovt. Men jeg syntes, det var underligt, at man skulle spise så meget mad, og at der blev ved med at komme nye retter, der skulle smages. Vi må have fået mindst ti forskellige ting før osten.*	Christine: It was a lot of fun. But I think it was weird that you had to eat so much food, and that new dishes kept coming and had to be sampled. We must have had at least ten different things before the cheese. And we also

Og vi skulle også synge nogle sange ind imellem.

had to sing some songs in between.

Mattias:
Ja, der er mange traditioner til julefrokoster her, og det er bestemt vigtigt, at du prøver det hele. Så fik du også en idé om, hvordan det store kolde bord laves. Det fås ellers oftest på restauranter.

Mattias:
Yes, there are many traditions at Christmas luncheons here, and it is truly important that you try everything. Then you also got an idea about how the big smorgasbord is made. Most often it is found in restaurants.

Christine:
Ja, Christian fortalte mig om at spise ude, og det skal vi prøve en aften. Nå, her kommer Pernille med vores drinks. Skål alle sammen.

Christine:
Yes, Christian told me something about eating out, and we will try that one night. Well, here is Pernille with our drinks. Cheers everyone.

De snakker, danser og hygger sig til klokken 4, og så synes de, at det er på tide at vende næsen hjemad. De overvejer at gå hjem til fods, men så bliver de enige om, at det alligevel er for koldt, især for Christian, som ikke har sin hue. De går ud på gaden for at få fat på en taxa, der kører dem hjem.

They talk, dance and have a good time till 4 am, and then they decide it is time to head for home. They consider walking home, but then they agree that it is too cold after all, especially for Christian who doesn't have his hat. They walk into the street to get a cab which takes them home.

Christian:
Jeg sætter jer af her, og så kan jeg bare betale taxaen. Vi ses om et par dage. Godnat alle sammen, og tak for i aften. Det var rigtig hyggeligt.

Christian:
I'll drop you off here, and then I can just pay for the cab. I'll see you in a couple of days. Good night everybody and thanks for the evening. It was a really good time.

Fodnoter / **Footnotes**

1. *Værsgo* is an abbreviation of *vær så god* = *værs'go'* and means literally 'be so good' = 'here you are.'

2. *Til højre for* (to the right of) indicates position and direction. Other directions are: *til højre* (to the right); *til venstre* (to the left); *lige ud* (straight ahead); *foran* (in front of); *bagved* (behind).

GRAMMATIK / GRAMMAR

Verber (Udsagnsord): Passiv / Verbs: Passive Mode

Passive is created in two ways:
1. with *at blive* (to become)
2. with the **–s** form

1. *at blive*:

Infinitive	Present tense	Past tense	Perfect tense
at blive spist	*bliver spist*	*blev spist*	*er / var blevet spist*
to be eaten	is eaten	was eaten	has / had been eaten

2. the **–s** form:
-s is added to the infinitive and the past tense:

Infinitive	Present tense	Past tense	Perfect tense
at spise	*den spises*	*den spistes*	*er / var blevet spist*
to eat	it is eaten	it was eaten	has / had been eaten

The **passive** is used when one focuses on the object rather than the subject in a sentence:

Jeg spiser osten.   *Osten spises / Osten bliver spist.*
(I eat the cheese.)   (The cheese is eaten [by me].)

The object in the active sentence (cheese) becomes the subject in the passive sentence.

When a verb is in a passive form it cannot have an object.

Normally, the passive construction doesn't say 'who' is acting. Maybe because one doesn't know, or because it is not important:
Det store kolde bord laves / bliver lavet.
(The big smorgasbord is made.)
Det kan fås på restauranter.
(It is eaten in restaurants.)

Verber: Futurum (Udsagnsord: Fremtid) / Verbs: Future Tense

1. The future is indicated by using the present tense:
   Jeg ringer lige efter en taxa. (I'll just call a taxi.)
   Så henter jeg lige en sodavand. (I will just go and get a soda.)
   Det bliver koldt at gå hjem til fods. (It will be cold to walk home.)

   Frequently, time adverbials are added to the present tense to indicate the future:
   Jeg kommer snart. (I will come soon.)
   Jeg kommer i morgen. (I will come tomorrow.)
   Vi spiser kl. 20. (We are eating at 8 pm.)

2. The future is created by using *skal* (shall).
   It indicates that there is a plan in place:
   Du skal smage osten. (You shall taste the cheese.)
   Vi skal sige farvel nu. (We shall say good-bye now.)

   To indicate a destination, *skal* is used without the infinitive:
   Hvor skal du hen? (Where are you going?)
   Jeg skal til Frankrig. (I am going to France.)

To indicate a promise, *skal nok* is used:
Jeg skal nok finde et bord. (I will be sure to find a table.)
Vi skal nok komme til tiden. (We will be there on time.)

3. The future is created by using *vil* (will).
   It indicates an assumption about what will happen:
   Jeg tror, du vil blive glad i morgen. (I think you will be
   happy tomorrow.)
   Det vil blive koldt at gå hjem til fods. (It will be cold to
   walk home.)

Verber: Imperativ (Udsagnsord: Bydemåde) / Verbs: Imperative

The imperative corresponds to the stem of the verb:
   læs! (read!)
   sov! (sleep!)
   gå! (go!)

It is used to issue a command to one or several people. A sentence
using the imperative has no subject, but the subject 'you' (sing.)
or 'you' (pl.) is implied.

With the reflexive pronoun it is clear in Danish whether the
subject is singular or plural:
   Skynd dig! (Hurry up! [you, sing.])
   Sæt jer ned! (Sit down! [you, pl.])

Usually, it is rude to use the imperative by itself. Therefore, it is common to soften the command in various ways:

Using *lige* (just):
   Kom lige her! (Just come over here, please!)
   Ræk mig lige et stykke ost! (Just pass me a piece of cheese, please!)

Using *bare* (just):
   Gå bare over og sæt jer ned. (Just go over there and sit down.)
   Giv mig bare en sodavand. (Just give me a soda, please.)

Using *gider du / I* (would you mind):
   Gider du dække bord! (Would you mind setting the table!)
   Gider I lukke døren! (Would you mind closing the door!)

Using *vil du / I være sød at* (would you please):
   Vil du være sød at hente min hat! (Would you please pick up my hat!)
   Vil I være søde at slukke lyset! (Would you please turn off the light!)

Relative Pronominer (Henførende Stedord) / Relative Pronouns

A relative pronoun is used in a dependent clause referring back to a noun in the preceding independent clause:
   Han har et hus. Huset er rødt. (He has a house. The house is red.)
   Han har et hus, der / som er rødt. (He has a house <u>which</u> is red.)

In Danish, the relative pronoun **der** can only be the subject of a sentence:

> *Vibeke har en søn, der hedder Mattias.* (Vibeke has a son who is called Mattias.)
>
> *Mattias har en kæreste, der / som er sød.* (Mattias has a girlfriend who is sweet.)

The relative pronoun **som** can be the subject or object of a sentence:

Subject (like **der**):

> *Michael har en søn, som / der hedder John.* (Michael has a son who is called John.)

Object:

> *Hun kysser den mand, som hun elsker.* (She kisses the man whom she loves.)

In this last case, as an object, it is possible to leave out the relative pronoun:

> *Hun kysser den mand, hun elsker.* (She kisses the man she loves.)

ORDLISTE / VOCABULARY

allerede	already
alligevel	nonetheless, nevertheless
alvorligt	seriously
appetit, n	appetite
beslutte, at	decide
bestemt	certainly
bistro, n	bistro
blive ved med, at	keep at

burger-bar, n	burger bar
café, n	café
cafeteria, t	cafeteria
det store kolde bord	smorgasbord
diskotek, t	discotheque
ellers	otherwise
endelig	finally
finde vej, at	find your way
for det meste	most often
forskellig	different
få, at	get
få fat på, at	get a hold of
glemme, at	forget
hue, n	hat
højre	right
ind imellem	in between
især	especially
julefrokost, n	Christmas luncheon
kiks, n	cracker
knækbrød, t	crisp bread
køre, at	drive, to ride
lige fremme	straight ahead
lykkes, at	manage, to succeed in
lyskryds, t	traffic light
længes efter, at	long for
mene, at	think
måltid, t	meal
nogenlunde	fairly
opdage, at	discover

ost, n	cheese
ostebord, t	table spread with different cheeses
overveje, at	consider, think about
pizzaria, t	pizzeria
propfyldt	extremely crowded
på venstre hånd	on your left
restaurant, n	restaurant
ret, n	a dish
række, at	hand
skål	cheers
snaps, n	shot of schnapps
sodavand, n	soda (Coke, Pepsi, etc.)
stykke, t	piece
sætte af, at	drop off
taxa, n	cab
Tuborg, n	Danish brand of beer
underlig	strange, weird
vende næsen hjemad, at	head home
venstre	left
vente, at	wait
vigtigt	important
være sent på den, at	run late
værsgo	there you are

UDTRYK / EXPRESSIONS

ikke én men flere	not one but several
Vil du med?	Would you like to come?
Værs'god / Værsgo (Vær så god).	There you are.
De længes efter os.	They are longing for us.
at være sent på den	to be running late
Her er propfyldt.	It is very crowded.
Skål.	Cheers.
at vende næsen hjemad	to head home [to turn the nose homeward]
Tak for i aften.	Thanks for the evening [together].
Det var hyggeligt.	It was a great time.

ØVELSER / EXERCISES

1. *Lav om fra aktiv til passiv.*
   Change from the active to the passive voice.

   Example: Han lukker døren.
   <u>Døren lukkes af ham. / Døren bliver lukket af ham.</u>

   1. Hun læser bogen. _____
   2. De spiser maden. _____
   3. Vi synger en sang. _____
   4. Han kysser barnet. _____
   5. De drak en øl. _____
   6. Jeg glemte hatten. _____
   7. Du takkede vennerne. _____
   8. I fandt taxaen. _____

2. *Skriv imperativ formen af følgende verber.*
Write the following verbs in the imperative.

1. at spise _____
2. at læse _____
3. at gøre _____
4. at sove _____
5. at vente _____
6. at drikke _____
7. at gå _____
8. at tage _____
9. at glemme _____
10. at sætte _____

3. *Lav sætningerne om fra datid til fremtid.*
Change the sentences from the past to the future tense.

1. Hun spiste osten. _____
2. De kom for sent til diskoteket. _____
3. Vi længtes efter vores venner. _____
4. Du sov hele eftermiddagen. _____
5. Han satte dem af og betalte for taxaen. _____
6. Jeg smagte på maden, der var god. _____

4. *Indsæt der eller som.*
Insert the relative pronoun *der* or *som*.

1. Jeg elsker den mand, _____ er min mand.
2. Hun kysser barnet, _____ har en rød sweater på.
3. Vi læste en bog,_____ var god.
4. Han syntes ikke om filmen, __(__)__ han så i går.
5. Den kvinde, _____ kommer gående, er min mor.
6. Det æble, __(__)__ du spiser, er ikke grønt.

5. *Oversæt til dansk.*
   Translate into Danish.

1. Will you invite me to a Christmas luncheon tomorrow?

   _____

2. You have to eat a lot of cheese if you are hungry.

   _____

3. Just sit down on the chair in the corner and wait for me.

   _____

4. Just give me some money for the cab.

   _____

5. The woman whom I met is my mother.

   _____

6. The child who is eating the apple is nice.

   _____

7. I like the man who is dancing with me at the discotheque.

   _____

8. She gives her coat to the man who is walking her home.

   _____

9. I will see you in two days if you want to meet.

   _____

10. We can go to a luncheon at my friend's house and have fun.

    _____

11. I don't like to forget my hat when it is cold outside.

    _____

12. She doesn't know how to find her way to a restaurant that is inexpensive.

    _____

    _____

13. Many people like to eat at pizzerias because the food is fairly good.

    _____

    _____

14. She would like to taste ten different kinds of things, but she cannot eat any more now.

_____

_____

(See answer key, pages 287–288.)

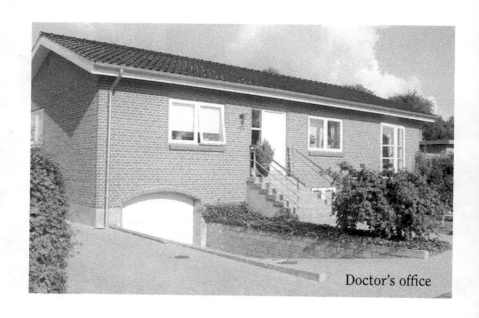

Doctor's office

Lektion 9
Jeg har det dårligt.

Lesson 9
I am not feeling well.

Det er tirsdag d. 18. december, og Vibeke og Michael er så småt* gået i gang med juleforberedelserne. Christine hjælper så meget som muligt og synes, det er sjovt at skulle fejre en dansk jul.

Mattias og Pernille har travlt med at læse til eksamen, så de holder sig mest for sig selv.

John har sin sidste eksamen om formiddagen, og så vil han tage toget hjem til Århus og blive julen og nytåret over.*

Om morgenen vågner Christine med meget ondt i halsen og en slem hovedpine.

Christine:
Godmorgen Vibeke. Jeg har det ikke godt i dag.

Vibeke:
Hvad er der i vejen? Hvor gør det ondt? Hvad tror du, du fejler?

Christine:
Jeg ved det ikke. Jeg har rigtig ondt i halsen, og mit hoved gør også meget ondt. Det gør ondt, når jeg drikker og prøver at spise.

Vibeke:
Har du feber? Har du prøvet at tage din temperatur?

It is Tuesday, December 18th, and Vibeke and Michael have slowly started Christmas preparations. Christine helps as much as possible and thinks it is fun to be celebrating a Danish Christmas.

Mattias and Pernille are busy studying for the exams, so they keep mostly to themselves.

John has his last exam in the morning, and then he will take the train home to Aarhus and stay through Christmas and New Year's.

In the morning, Christine wakes up with a very sore throat and a bad headache.

Christine:
Good morning, Vibeke. I don't feel well today.

Vibeke:
What is wrong? Where does it hurt? What do you think you have?

Christine:
I don't know. My throat really hurts, and my head also hurts a lot. It hurts when I drink and try to eat.

Vibeke:
Do you have a fever? Have you tried taking your temperature?

Christine:
Ja, men jeg ved ikke, hvad 39,2 betyder.¹ Er det feber?

Christine:
Yes, but I don't know what 39.2 means. Is that a fever?

Vibeke:
Ja helt bestemt.* Det er normalt at have omkring 37–37,5. Jeg tror, vi skal ringe til lægen og få en tid til dig.

Vibeke:
Yes, definitely. It is normal to have around 37–37.5. I think we will call the doctor and make an appointment for you.

Vibeke ringer til lægen, og Christine får en tid kl. 14.

Vibeke calls the doctor, and Christine gets an appointment at 2 pm.

Michael:
Det er fint, for så kan jeg køre dig til lægen og så bagefter køre ned til banegården og hente John. Det passer med, at hans tog ankommer ved 3-tiden.

Michael:
That is fine, for then I can take you to the doctor and then afterwards go down to the railway station and pick up John. It fits in with his train arriving around 3 pm.

Christine:
Tak for det. Jeg tror, jeg går i seng igen. Jeg har vist* mest brug for at sove lige nu.

Christine:
Thanks. I think I'll go back to bed. I think I need most of all to sleep right now.

Vibeke:
Ja, gør det. Så vækker jeg dig, når du skal af sted med Michael. Det er rigtig synd for dig, at du skal være syg, og især sådan her* op til jul. Men lægen skal nok* finde ud af, hvad der er galt og få dig rask igen.

Vibeke:
Sure, just do that. I will wake you when you are going with Michael. It is such a shame for you to be sick, and especially at this time before Christmas. But the doctor will surely find out what is wrong and get you well again.

Kl. 14 kører Michael Christine til lægen. Han venter på hende i venteværelset, så han kan køre hende hjem, før han tager på banegården og henter John.	At 2 pm Michael takes Christine to the doctor. He waits for her in the waiting room, so he can take her home before going to the station to get John.
Lægen: *Og hvad er der så* i vejen med dig?*	Doctor: And what seems to be wrong with you, then?
Christine: *Jeg har det rigtig skidt. Jeg har ondt i halsen og hovedet, og jeg er bare* så træt. Jeg hoster også og pudser næse hele tiden. Og så har jeg feber.*	Christine: I feel really bad. My throat and my head hurt, and I am just so tired. I cough as well, and blow my nose constantly. And then I have a fever.
Lægen: *Lad mig lige* se dig i halsen. Ja, det ser ikke godt ud. Og lad mig lige føle på din hals. Ja, du er hævet. Det er halsbetændelse. Du skal have noget penicillin, så får du det hurtigt bedre. Er du allergisk over for noget medicin?*	Doctor: Let me just check your throat. Yes, it doesn't look good. And let me just feel your throat. Yes, it is swollen. It is strep throat. You need some penicillin; then you will feel better quickly. Are you allergic to any medication?
Christine: *Nej, det tror jeg ikke, jeg er. Hvor kan jeg få medicinen, og hvornår?*	Christine: No, I don't think so. Where can I get the medicine and when?
Lægen: *Du får en recept med herfra, og så kan du gå på apoteket. Du kan evt.* gå ned i Tordenskjoldsgade, der er lige i nærheden. Du skal lige skrive under her, og så siger jeg farvel og god bedring.*	Doctor: You will get a prescription from here, and then you go to the pharmacy. You might want to go down to Tordenskjoldsgade which is close by. You just have to sign here, and then I'll say good-bye and good health.

Christine:
Tak for det og farvel.

Michael og Christine tager på apoteket, giver recepten til farmaceuten og venter på pillerne. Christine har det rigtig dårligt nu og glæder sig bare til at komme hjem i seng igen.

Farmaceut:
Christine Watson? Værsgo. Her er piller til ti dage. Du skal tage to om dagen, og du skal tage alle pillerne. Det er bedst, hvis du ikke spiser samtidig med, for så virker de hurtigere. Du kan tage den første pille, når du kommer hjem. Det bliver 69,50 kr.

Christine:
Tak for det. Jeg vil gerne bruge Dankort.² Er det i orden?*

Farmaceut:
Ja da. Maskinen er lige der. Du skal bare køre kortet igennem og taste koden ind. Så får du en kvittering med. Sådan der.

Christine og Michael:
Farvel og tak.

Christine:
Det var da billigt for pillerne. Og jeg skulle heller ikke betale for besøget hos lægen. Jeg skrev bare under på et stykke papir.*

Christine:
Thanks and good-bye.

Michael and Christine go to the pharmacy, give the prescription to the pharmacist and wait for the pills. Christine feels miserable now and only looks forward to coming home and going to bed again.

Pharmacist:
Christine Watson? Here you are. Here are pills for ten days. You have to take two a day, and you must take all the pills. It is best if you don't eat at the same time, for then they work faster. You can take the first pill when you get home. That will be 69.50 kr.

Christine:
Thanks. I would like to use my Dankort. Is that OK?

Pharmacist:
Sure. The machine is right there. You just have to swipe your card and enter the code. Then you get a receipt. There you go.

Christine and Michael:
Good-bye and thank you.

Christine:
That was certainly cheap for the pills. And I didn't have to pay for the visit to the doctor either. I just signed a piece of paper.

Michael:
Det er fordi, vi har noget, der hedder almen sygesikring, der dækker alle, der bor i landet. Det betyder, at du har gratis adgang til læge, tandlæge, hospitaler osv.* Du skal selv betale en del hos tandlægen, hvis du har huller, og du skal også selv betale lidt for medicin, men resten betaler staten.

Christine:
Jamen staten, hvem er det?

Michael:
Det er os alle sammen. I Danmark betaler vi meget høje skatter i forhold til U.S.A. fordi vi har et velfærdssystem, hvor vi bl.a.* tror på, at man skal tage sig af hinanden. Det er rart ikke at skulle tænke på, om man har råd til at gå til læge, når man er syg—eller tandlæge, når man har tandpine.

Christine:
Ja, det lyder som et godt system, selv om det så koster meget i skatter. Nu vil jeg gerne* ind og sove videre og blive rask. Tusind tak for hjælpen.

Michael:
Det var så lidt. Nu henter jeg John.

Michael:
That is because we have something called general health insurance which covers everyone living in the country. It means that you have free access to a doctor, a dentist, hospitals, etc. You have a co-payment at the dentist if you have cavities, and you also have to pay a bit for medicine, but the rest is paid for by the state.

Christine:
Yes, but the state, who is that?

Michael:
That is all of us. In Denmark we pay very high taxes compared to the U.S. because we have a welfare system where we, among other things, believe that we should take care of each other. It is nice not to have to think about whether one can afford to go to the doctor when one is ill—or the dentist if one has a toothache.

Christine:
Yes, it sounds like a good system even though it costs so much in taxes. Now I would like to go and sleep again and get well. Thanks a lot for your help.

Michael:
You're welcome. Now I'll pick up John.

Michael kører ned i byen og henter John på banegården. John trænger til at slappe af efter sine eksaminer, så de hygger sig bare med at snakke og lave julekonfekt.³ Christine dukker op til aftensmaden.

Michel goes downtown and picks up John at the station. Johns needs to relax after his exams, so they just have a good time talking and making Christmas candy. Christine shows up for dinner.

Christine:
Jeg har det meget bedre allerede.* Det var bare dejligt at få noget penicillin. Min hals gør ikke nær så* ondt, og min hovedpine er væk.

Hej John, det er dejligt, du er hjemme til jul. Jeg er ked af, at jeg ikke er helt frisk, men jeg kan mærke, det går fremad. Hvordan gik det med dine eksaminer?

Christine:
I feel a lot better already. It was great to get some penicillin. My throat doesn't hurt nearly as much, and my headache is gone.

Hi, John, it is nice that you are home for Christmas. I am sorry that I'm not completely fine, but I can feel I'm getting better. How did your exams go?

John:
Hej Christine. Det gik vist godt nok.* Nu glæder jeg mig i hvert fald* til jul og til at komme i byen og møde mine venner og slappe af. Jeg regner med, du også godt vil med i byen, når du har fået det bedre.

John:
Hi, Christine. I think they went well enough. Anyway, now I look forward to Christmas and to going out and meeting my friends and relaxing. I'm counting on you wanting to go out too when you feel better.

Christine:
Ja, selvfølgelig. Der sker en masse alle vegne, så det skal nok blive sjovt. Og jeg har da vist også fået min appetit tilbage. Måske kan vi se en film i aften, når vi er færdige med at tage af bordet?

Christine:
Yes, of course. There are a lot of things going on so it will be fun. And I think I have gotten my appetite back. Maybe we can watch a movie tonight when we're done cleaning the table?

John:	John:
God ide. Vi kan fx* se The Julekalender med De Nattergale. Jeg har den på DVD, og du vil garanteret også synes, den er sjov , Christine. Det er en blanding af dansk og engelsk, så man er nødt til at kunne noget dansk for at forstå det morsomme. Der er 24 afsnit—et for hver dag i december. Så det er en slags fjernsyns-kalender, hvor man ikke åbner en låge hver dag, men ser fjernsyn i stedet for.* Du har da haft en julekalender⁴ her i december, ikke?	Good idea. We can watch The Julekalender with De Nattergale. I have it on a DVD, and I bet you will also find it funny, Christine. It is a mixture of Danish and English, so you need to know some Danish to understand the jokes. There are 24 episodes—one for every day in December. So it is a kind of TV calendar where you don't open a door every day but watch TV instead. Surely you have had an advent calendar during December, right?
Christine.	Christine:
Jo da.* Vibeke gav mig en, så jeg kunne åbne en låge og få et stykke chokolade hver morgen. Det er en rigtig sjov og festlig tradition, som jeg helt klart* vil tage med mig hjem.	Certainly. Vibeke gave me one, so I could open a door and have a piece of chocolate every morning. It is a really fun and festive tradition which I will be sure to bring home with me.

Fodnoter / Footnotes

1. *39,2* is the temperature measured in **Centigrade**. Read: *niogtredive komma to*. A normal body temperature is around 37,0. Above 40 usually indicates a visit to the doctor.

2. Dankort is the standard Danish debit card. It is accepted almost everywhere in Denmark. It also comes as a Master Card / VISA. There are ATMs spread all over, so it's easy to get cash with the card or use it to pay in stores. It can also function as an ID card.

3. *Julekonfekt* is a special form of Christmas candy. The main ingredient is marzipan which is then combined with nuts, dates, chocolate or nougat. You can either buy the raw ingredients and make the candy yourself, or you

can buy it ready-made. Many families have a tradition where they make the candy together.

4. *Julekalender* is an advent calendar given to most children. It comes in a variety of shapes and sizes, but the basic design is a piece of cardboard with a door to open for each day in December leading up to Christmas. A very popular brand is one which has a piece of chocolate behind each door. The official *julekalender* is sold by the state-run TV-channel which then airs an episode in a 24-period series every day. The proceeds from the sale of the *julekalender* usually benefit a third world country. There are also *julekalender* series for adults, and the one mentioned here, The Julekalender, was created by a group called *De Nattergale* (Those Nightingales) in 1991 and was extremely popular. It was released on DVD in 2001.

* As in any other language, Danish contains a lot of "small" words which fulfill a variety of functions. Some of the most frequently used ones are listed here and indicated in the dialogue for this lesson.

allerede	already
bare	just; simply
bl.a. = blandt andet	among other things
blive julen over	stay over a period of time (here Christmas)
da	surely (emphatic agreement); certainly
evt. = eventuelt	possibly; perhaps; might
fx = f.eks.	for example
gerne	emphasizing what you would like to do
godt nok	well enough
helt bestemt	quite certainly; definitely
i hvert fald	in any case; anyway
i orden, okay	OK
i stedet for	instead of
især	especially
jo da	sure; certainly
lige	just
nok / vel nok	surely; be sure to; certainly
nær så	nearly so
osv. = og så videre	etc. = and so on
sikkert	surely
så	then; so; as much
sådan her	like this; as such
så småt	gradually; "in a small way"; slowly
vist	probably; presumably; I think

GRAMMATIK / GRAMMAR

Tal / Numbers

There are two kinds of numbers in Danish:
  mængdetal (cardinals)
  ordenstal (ordinals)

Mængdetal / Cardinals:

1 en/ et	*22 toogtyve*
2 to	*30 tredve / tredive*
3 tre	*33 treogtredve*
4 fire	*40 fyrre*
5 fem	*44 fireogfyrre*
6 seks	*50 halvtreds*
7 syv	*55 femoghalvtreds*
8 otte	*60 tres*
9 ni	*66 seksogtres*
10 ti	*70 halvfjerds*
11 elleve	*77 syvoghalvfjerds*
12 tolv	*80 firs*
13 tretten	*88 otteogfirs*
14 fjorten	*90 halvfems*
15 femten	*99 nioghalvfems*
16 seksten	*100 hundrede*
17 sytten	*101 hundrede og en*
18 atten	*200 to hundrede*
19 nitten	*1000 tusind*
20 tyve	*5.400 fem tusind fire hundrede*
21 enogtyve	*1.000.000 en million*
	1.000.000.000 en milliard

Numbers less than one hundred are written in one word:
50 – *halvtreds,*
75 – *femoghalvfjerds*

Numbers higher than one hundred are divided into components:
235 – *to hundrede femogtredve*
1569 – *et tusind fem hundrede niogtres*

Decimals are indicated with a comma and read: *komma.*

Examples:

12,3 = *tolv komma tre*
25,05 = *femogtyve komma nul fem*
17,95 = *sytten komma femoghalvfems*
114,38 = *hundrede og fjorten komma otteogtredve*
9,25 = *ni komma femogtyve / ni en kvart*
9,50 = *ni en halv / ni komma fem*
9,75 = *ni komma femoghalvfjerds / ni tre kvart*

Thousands are indicated with a period.

Examples:

2.010 = *to tusind og ti*
11.649 = *elleve tusind seks hundrede og niogfyrre*
25.482,68 = *femogtyve tusind firehundrede toogfirs komma
    otteogtres*

In other words, the use of commas and periods for numbers is
the opposite of the use in the United States.

For **money,** the numbers are read in a similar fashion:
The currency is *en krone* (a Danish crown)
Dkr. = *100 øre*

Examples:

69,50 kr = niogtres en halv (krone)
75,25 kr.= femoghalvfjerds kroner og femogtyve øre /
   femoghalvfjerds femogtyve
99,95 kr.= nioghalvfems kroner og femoghalvfems øre /
   nioghalvfems femoghalvfems
7,35 kr = syv kroner og femogtredve øre / syv femogtredve

The Danish **currency** is:

Coins:

25 øre	50 øre	1 kr	2 kr	5 kr	10 kr	20 kr

Notes:

50 kr	100 kr	200 kr	500 kr	1000 kr

Note: A 25 øre is no longer valid in Denmark. When paying, the final amount is rounded up or down to the nearest 50 øre.

When **writing checks**, the Danes use "Scandinavian numbers":

Examples:

30 = treti   *90 = niti*
40 = firti   *35 = tretifem*
50 = femti   *47 = firtisyv*
60= seksti   *68 = sekstiotte*
70 = syvti   *92 = nitito*
80 = otti

Calculations:

Addition: $4 + 3 = 7$ *fire plus tre er (lig med) syv /*
At lægge sammen   *fire og tre er syv*

Subtraction: $10 - 8 = 2$ *ti minus otte er to / otte fra ti er to*
At trække fra

Multiplication: $9 \times 5 = 45$ *ni gange fem er femogfyrre*
At gange

Division: $27 : 9 = 3$ *syvogtyve delt med ni er tre*
At dele   *syvogtyve divideret med ni er tre*

Ordenstal / Ordinals (Ordinals are followed by a period.):

1. første	*19. nittende*
2. anden / andet	*20. tyvende*
3. tredje	*21. enogtyvende*
4. fjerde	*22. toogtyvende*
5. femte	*30. tredvte / tredivte*
6. sjette	*33. treogtredvte*
7. syvende	*40. fyrretyvende*
8. ottende	*44. fireogfyrretyvende*
9. niende	*50. halvtredsindstyvende*
10. tiende	*55. femoghalvtredsindstyvende*
11. elvte	*60. tresindstyvende*
12. tolvte	*66. seksogtresindstyvende*
13. trettende	*70. halvfjerdsindstyvende*
14. fjortende	*77. syvoghalvfjerdsindstyvende*
15. femtende	*80. firsindstyvende*
16. sekstende	*88. otteogfirsindstyvende*
17. syttende	*90. halvfemsindstyvende*
18. attende	*99. nioghalvfemsindstyvende*

Brøker / Fractions:

$^1/_3$ = *en tredjedel*
$^1/_4$ = *en fjerdedel* = *en kvart*
$^4/_5$ = *fire femtedele*
$^2/_7$ = *to syvendedele*
$^3/_8$ = *tre ottendedele*

½ = *en halv* (This is conjugated like an adjective.):
 Han drikker en halv liter mælk og spiser et halvt æble og
  fire halve kiks.
 (He drinks half a liter of milk and eats half an apple and four
  half crackers.)

1½ = *halvanden*:
 De spiste i halvanden time.
 (They were eating/ate for an hour and a half.)
 Hun spiste halvandet æble i går.
 (She ate one and a half apples yesterday.)

Tal-sammensætninger / Combinations with numbers:

 Dronning Margrethe 2. = *Dronning Margrethe den anden.*
  (Queen Margrethe 2.)
 Det er min 10 års bryllupsdag. (It is my 10th anniversary.)
 Må jeg få en tohundredkrone seddel? (Can I have a 200 kr note?)
 Søren Kierkegård levede i det 19. århundrede / i 1800-tallet.
  (Søren Kierkegård lived in the 19th century.)
 Hun bor i en et-værelses lejlighed. (She lives in a one-room
  apartment.)

Datoer / Dates:

The dates of the month are written in several ways:

18.december (read: *den attende december*)
d. 18. december (read: *den attende december*)
18-12 or 18 / 12 (read: *den attende december,* or *den attende i tolvte*)

Note: The day comes before the month. 4-5 = 4 / 5 = May 4th.

ORDLISTE / VOCABULARY

adgang, n	access
afsnit, t	episode
allergisk	allergic
ankomme, at	arrive
apotek, t	pharmacy; drugstore
appetit, n	appetite
bedring, n	improvement
besøg, t	visit
betyde, at	mean
blanding, n	mixture
det morsomme	the funny part
dække, at	cover
dårlig	bad
farmaceut, n	pharmacist
feber, n	fever
fejle, at	have (an illness); to ail
fejre, at	celebrate
festlig	festive

forstå, at	understand
fremad	forward
føle, at	feel; to touch
galt	wrong
gratis	free
hals, n	throat
halsbetændelse, n	laryngitis; strep throat
have råd til, at	be able to afford
have travlt med, at	be busy with
herfra	from here
hinanden	each other
hospital, t	hospital
hoste, at	cough
hovedpine, n	headache
hul, t	cavity
hævet	swollen
høj; lav	high; low
i forhold til	compared to; in relation to
i hvert fald	in any case
i nærheden	nearby
i stedet for	instead of
jul, n	Christmas
juleforberedelse, n	Christmas preparation
julekonfekt, n	Christmas candy
kode, n	code
kvittering, n	receipt
køre igennem, at	swipe
låge, n	door
medicin, n	medicine; medication

mærke, at	feel
normal	normal
om dagen	per day
omkring	around
ondt	pain; hurt
op til jul	before Christmas
passe med, at	fit in with
penicillin, t, eller, n	penicillin
pille, n	pill
pudse næse, at	blow one's nose
rask	healthy, well
recept, n	prescription
regne med, at	count on
rest, n	left over; remains
rydde op, at	pick up; clear the table
samtidig med	at the same time as
sidste	last
skat, n	tax
skidt	bad
skrive under, at	sign
slem	bad
stat, n	state
stykke papir, t	piece of paper
syg	sick; ill
sygesikring, n	health insurance
synd for	shame
så meget som muligt	as much as possible
tage sig af, at	take care of
tandlæge, n	dentist

tandpine, n	toothache
taste, at	enter
temperatur, n	temperature
tid, n	appointment (at a doctor's, etc.)
tradition, n	tradition
trænge til, at	need
velfærdssystem, t	welfare system
venteværelse, t	waiting room
virke, at	work
vække, at	wake someone
være nødt til, at	have to
åbne, at	open

UDTRYK / EXPRESSIONS

at gå i gang med	to start with
at holde sig for sig selv	to keep to oneself
Hvad er der i vejen?	What is wrong?
Hvad fejler du?	What is wrong with you?
	What ails you?
at få en tid hos lægen	to get an appointment with the doctor
Gør du bare det.	Just you do that.
Det er synd for dig.	It is a shame for you.
	It is a pity.
God bedring.	I hope you'll feel better.
	Good improvement!
Det bliver …	It will be … (+ an amount)
	It is … (+ an amount)
Tak for hjælpen.	Thanks for your help.

Det var så lidt.	That was nothing. You're welcome.
Det går fremad.	It is going in the right direction. It is getting better.

ØVELSER / EXERCISES

**1. *Skriv datoerne ud.*
    Write out the dates.**

1. 28-6 _____
2. 10-8 _____
3. 2-1 _____
4. 7-12 _____
5. 16-11 _____
6. 14-3 _____
7. 5-9 _____
8. 30-4 _____
9. 27-2 _____
10. 24-5 _____
11. 20-7 _____
12. 1-10 _____

**2. *Skriv priserne ud.*
    Write out the prices.**

1. 275,45 kr _____
2. 568,27 kr _____
3. 379,50 kr _____
4. 847,25 kr _____
5. 194,10 kr _____
6. 2.436,98 kr _____
7. 27.659,18 kr _____

3. *Oversæt til dansk.*
   Translate into Danish.

1. I felt really bad this morning.

   _____

2. I went into the kitchen and took my temperature, and I had a fever.

   _____

   _____

3. Then I went back to bed and slept till noon.

   _____

4. But I still felt really bad, so I called the doctor and made an appointment.

   _____

   _____

5. The doctor was very nice and gave me some pills and told me to get well.

   _____

   _____

6. He also said I should drink a lot and get a lot of sleep.

   _____

7. I am happy it wasn't a toothache, for I don't like going to the dentist.

   _____

   _____

8. I want to be completely well before Christmas, so I can celebrate.

   _____

   _____

9. All my friends are coming home, and they all want to go out and have fun.

   _____

   _____

10. We will eat a lot of good food and Christmas candy.

_____

11. I haven't been ill since last year when I was studying really hard for my exams, and I was very tired.

_____

_____

12. She doesn't want to take any pills. Instead she wants to sleep and eat candy.

_____

_____

13. He needs to relax after working hard, so he is just having a good time.

_____

_____

14. She didn't want to keep to herself. Instead she wanted to be with her family for Christmas.

_____

_____

(See answer key, pages 288–289.)

Lektion 10
Glædelig Jul!

Lesson 10
Merry Christmas!

I Danmark fejrer man jul den 24.december, juleaften.[1] *Det er traditionelt en rigtig familieaften, hvor man samler så mange som muligt af familien.*	In Denmark, Christmas is celebrated on December 24, Christmas Eve. Traditionally, it is a real family evening where as many as possible of the family members gather.
Vibekes forældre, Grete og Ole, fejrer altid jul med hende og hendes familie. De er pensionister[2] og bor ca. ½ times kørsel væk i den anden ende af Århus, i Højbjerg. De ankommer til Vibeke og Michaels hus ved 15-tiden om eftermiddagen.	Vibeke's parents, Grete and Ole, always celebrate Christmas with her and her family. They are retired and live approximately a half hour away at the other end of Aarhus, in Højbjerg. They arrive at Vibeke and Michael's house around 3:00 in the afternoon.
Grete: *Så er vi her. Rigtig glædelig jul, alle sammen. Ole, kan du ikke lige hente gaverne i bilen, så vi kan få lagt dem ind til de andre under juletræet[3]?*	Grete: We are here. A very merry Christmas to all of you. Ole, can't you just get the presents from the car, so we can put them with the others under the Christmas tree?
Ole: *Jo, jeg skal nok hente pakkerne, men jeg skal først lige sige goddag til alle. Goddag, Christine. Det er dejligt at se dig igen. Er du stadigvæk glad for at være her?*	Ole: Yes, I will get the presents, but first I have to say hello to everyone. Hello, Christine. It is nice to see you again. Are you still glad to be here?
Christine: *Ja da. Og nu hvor det er jul, er det endnu mere spændende at være i et andet land. Det bliver sjovt at fejre jul på dansk. Skal jeg ikke hjælpe med frakken, Grete?*	Christine: Oh yes. And now when it is Christmas it is even more exciting to be in another country. It will be fun to celebrate Christmas in Denmark. Can I help with your coat, Grete?

Grete: *Jo tak, det må du gerne.* *Heldigvis er det ikke så koldt i* *dag, og jeg er glad for, at vi ikke* *fik sne og en hvid jul i år.*	Grete: Yes, please, that would be nice. Luckily it isn't so cold today, and I am happy that we didn't get any snow and a white Christmas this year.
Mattias: *Nej men Mormor[4] da! Vi ville* *skam gerne have en hvid jul,* *så vi kunne komme ud og* *lave en sne-mand. Og Pernille* *kan godt lide at løbe på ski i* *Marselisborg Skov.[5]*	Matias: But Grandma, seriously! We would really like a white Christmas, so we could get out and make a snowman. And Pernille likes to go cross- country skiing in Marselisborg woods.
Pernille: *Ja, det bliver der vist ikke* *noget af i år, med mindre vi får* *snestorm en af dagene!*	Pernille: Yes, I don't think there will be any skiing this year unless we have a snowstorm one of these days!
Grete: *Hvor hyggeligt, at du også er* *her i år, Pernille. Hvad laver* *din familie?*	Grete: How nice that you are here as well this year. What is your family doing?
Pernille: *Mine forældre besluttede at* *tage på ferie til Australien,* *og så inviterede Vibeke mig* *heldigvis til at være med her* *hos jer. Skal vi ikke gå i kirke* *nu? Hvis vi skynder os, kan vi* *nå gudstjenesten i Domkirken[6]* *kl. 16.*	Pernille: My parents decided to go on vacation to Australia, and then, luckily, Vibeke invited me to be with you. Shouldn't we go to church now? If we hurry, we can catch the sermon in the Cathedral at 4 pm.

Grete:
Jo, det synes jeg bestemt, vi skal. Hvem vil med i år? Jeg ved godt, du ikke vil med, Ole, men hvad med jer Mattias og Vibeke? Og hvor er John? Måske vil han også med.

John:
Her er jeg Mormor. Glædelig jul til dig og Morfar. Men nej, ellers tak. Jeg tror, jeg bliver hjemme og hjælper med de sidste forberedelser. Kommer du med, Morfar? Vi skal have styr på alle gaverne!

Grete, Pernille, Mattias og Christine kører ned til Domkirken, som er stuvende fuld. Mange mennesker går i kirke juleaften og nyder at synge julesalmer og høre juleevangeliet og en kort prædiken. Det hele varer en time, og så kører de hjem igen.

Mattias:
Så er vi her igen. Skal vi snart spise?

Michael:
Hvad med om du i stedet for spurgte, om der var noget, du skulle hjælpe med! Men ja, vi skal snart spise, så du kan godt sætte dig ind i stuen til Morfar, indtil vi er helt færdige.

Grete:
Yes, I definitely think we should do that. Who wants to come this year? I know you don't want to go, Ole, but what about you, Mattias and Vibeke? And where is John? Maybe he wants to come, too.

John:
Here I am, Grandma. Merry Christmas to you and Grandpa. But no, thank you. I think I'll stay home and help with the last preparations. Are you coming, Grandpa? We need to get all the presents under control!

Grete, Pernille, Mattias, and Christine drive down to the Cathedral which is completely full. Many people go to church on Christmas Eve and enjoy singing hymns and listening to the Christmas gospel and a short sermon. It all lasts an hour, and then they drive home again.

Mattias:
We are back. Are we eating soon?

Michael:
How about asking instead if there was something you should do to help! But yes, we are eating soon, so you can go sit in the living room with Grandpa till we are quite ready.

Mattias: *Har du det godt, Morfar?*	**Mattias:** Are you feeling okay, Grandpa?
Ole: *Ja tak, Mattias. Og som sædvanligt er juletræet fantastisk flot pyntet. Jeg forstår ikke, at det bare bliver flottere for hvert år. Og så mange ting der er på det—og så mange gaver nedenunder! Hvordan er det gået med din eksamen? Er du helt færdig?*	**Ole:** Yes, thank you, Mattias. And as usual the Christmas tree is truly beautifully decorated. I don't get how it gets prettier every year. And so many ornaments on it—and so many presents under it. How did it go with your exam? Are you all done?
Mattias: *Det er vist gået godt nok, og ja, jeg er færdig for i år. Vi starter først igen til februar, så Pernille og jeg tager på en mini-ferie i et sommerhus, vi har lånt, her efter nytår.*	**Mattias:** I think it went OK, and yes, I am done for this year. We don't start till February, so Pernille and I are going on a mini-vacation in a cabin we have borrowed, now after New Year's.
Vibeke: *Så skal vi spise. Kom og sæt jer til bords alle sammen. Jeg kommer lige ind med det sidste fad. Kan du ikke skænke noget i glassene, John?*	**Vibeke:** We are eating. Come and sit down everybody. I'll just bring in the last serving dish. Can't you pour something into the glasses, John?
John skænker vand i vand-glassene og sodavand eller vin op i glassene, og når alle sidder ned, siger de skål til hinanden, før de begynder at spise.	John pours water into the water glasses, and soda or wine into the glasses, and when they are all sitting down they toast each other before starting to eat.
Vibeke: *Skål og velkommen.[7] Nu skal I bare spise løs. Der er masser af and og gås og brunede kartofler.[8]*	**Vibeke:** Cheers and welcome. Please just eat. There is plenty of duck and goose and sugar potatoes.

Grete:
Ja, og æbler og svesker, kan jeg se. Og du har også rødkål, uhm. Det er nu lækkert med et rigtigt julemåltid.

Mattias:
Og i år er det bestemt mig, der vinder mandelgaven, om jeg så skal spise hele skålen med risalamande!

Ole:
Det minder mig om dengang jeg var ung under krigen,[9] og det var svært at få fat på en gås eller en and. Det var også helt umuligt at få fløde til desserten, så vi nøjedes med risengrød, men det var skam også godt nok. Men hvor er det et pragtfuldt måltid, du har lavet, kære Vibeke. Skal vi ikke hilse på værtinden og sige tak for dejlig mad[10]!

Vibeke:
Selv tak. Det er godt at have sin familie samlet til jul. Send lige fadene rundt en gang til, Pernille.

Efter at de har spist hovedretten, tager de en lille pause for at samle appetit til desserten, som er den traditionelle risalamande med kirsebærsovs—og en mandel gemt i skålen.

Grete:
Yes, and apples and prunes, I see. And you also have red cabbage, yummy. A real Christmas dinner is so delicious.

Mattias:
And this year, I will definitely get the almond present, even if it means eating the entire bowl of rice dessert!

Ole:
It reminds me of the time I was young during the war, and it was difficult to get a goose or duck. It was also quite impossible to get cream for the dessert, so we made do with rice pudding, and that was okay too. But this is a gorgeous meal you have cooked, dear Vibeke. Let us toast the hostess and thank her for the lovely food!

Vibeke:
You're welcome. It is good to have one's family gathered at Christmas. Please pass the dishes once more, Pernille.

After they have eaten the main dish, they take a short break to gather their appetites for the dessert, traditional rice dessert with cherry sauce—and an almond hidden in the bowl.

John:
Uhm, det smager godt. Nu kan jeg ikke mere. Hvem har gemt mandlen? Er det dig Mattias? Jeg vil vædde på, at du har fået den for lang tid siden og bare gemt den, for at vi skulle spise endnu mere!

John:
Yummy, it is good. I am full. Who has hidden the almond? Is it you, Mattias? I bet you got it a long time ago and just hid it, so we would eat even more!

Mattias:
Okay da. Ja, det er mig, der fik den i år—se her! Jeg snupper lige mandelgaven! Uhm, chokolade og en marcipangris[11]—lækkert! Tak.
    Skal vi så snart danse om juletræet?

Mattias:
All right then. Yes, I got it this year—look here! I'll just grab the almond present! Yummy, chocolate and a marzipan pig—delicious! Thank you.
    Are we dancing around the tree soon?

Michael:
Vi skal lige tage af bordet først og have sat maden væk, men det tager kun et øjeblik, hvis alle hjælper til.

Michael:
Let's just clear the table first and put the food away, but that only takes a moment if everybody helps out.

De rydder maden væk, og så går de ind i stuen til juletræet, der er tændt. Det står midt i stuen, og alle tager hinanden i hænderne og går rundt om det, mens de synger "Højt fra træets grønne top."[12] Bagefter synger de "Dejlig er Jorden," og så sætter de sig ned og synger endnu et par julesange. Endelig bliver de enige om at begynde at åbne gaverne, og det er Mattias, der er "nisse"[13] i år.

They clear the food away and then they go into the living room to the Christmas tree which is lit. It is in the middle of the room and they all join hands and walk around the tree singing *"Højt fra træets grønne top."* Afterwards they sing *"Dejlig er Jorden,"* and then they sit down and sing a couple more Christmas songs. Finally, they agree to start opening the presents, and Mattias is the elf this year.

Mattias:
Skal vi gøre, som vi plejer, og tage en gave ad gangen?

Mattias:
Are we doing what we usually do and taking one present at a time?

Vibeke:
Ja, det synes jeg bestemt, for ellers bliver det hele så kaotisk, og vi vil også gerne se, hvad alle får.

Vibeke:
Yes, I definitely think so, for otherwise everything gets so chaotic, and we also want to see what everyone is getting.

Mattias:
Fint. Så starter vi! Den første er til dig, Mormor. Værsgo.

Mattias:
Great. Let's start! The first one is for you, Grandma. There you are.

Grete:
Ih tak. Nej, hvor en lækker silkebluse. Lige hvad jeg ønskede mig. Tusind tak, Pernille. Og den ser også ud til at passe mig. Du er bare dygtig til at finde på gaver.

Grete:
Oh thanks. Oh what a beautiful silk shirt. Just what I wanted. Thanks so much, Pernille. And it also looks as if it fits me. You are just so clever at thinking of gifts.

Pernille:
Nej, hvor godt at du kan lide den. Jeg syntes selv, den var sød. Nå, Mattias, nu må du se at komme videre, ellers bliver vi aldrig færdige.

Pernille:
Oh, how nice that you like it. I also thought it was very nice. Well, Mattias, you better get going, or we will never be done.

Mattias:
Det har du ret i. Jeg dykker ned i gaverne igen!

Mattias:
You are so right. I'll dive into the presents again!

Efter nogle timer har alle fået deres gaver, og alle er glade og tilfredse. Det har været hyggeligt at se, hvad alle fik, og

After a few hours all have gotten their presents, and all are happy and content. It has been cozy to see what everyone

alting er blevet beundret.
Så flytter de ind til spisebordet
igen, hvor Vibeke serverer
julekonfekt, marcipan, nougat,
nødder, clementiner, dadler og
figner, med te eller kaffe. De
spiser løs af julegodterne,[14] og
ved midnatstid siger Grete og
Ole, at de er trætte og vil hjem.

got, and everything has been
admired. They move back to
the dining room table where
Vibeke serves candy, marzipan,
nougat, nuts, clementines,
dates and figs with tea or coffee.
They munch the candy, and at
midnight, Grete and Ole say
they are tired and want to leave.

Grete og Ole:
Det har vel nok været en dejlig
juleaften.Tak skal I allesammen
have. Godnat og tak for i aften.

Grete and Ole:
It has been a lovely Christmas.
Thank you, everyone. Good night
and thank you for this evening.

Alle:
Tak i lige måde. Kør forsigtigt
og kom godt hjem.

Everyone:
The same to you. Drive
carefully and get home safely.

Fodnoter / Footnotes

1. Christmas is celebrated on Christmas Eve, December 24, not on Christmas Day, in Denmark. *Julemanden*, Santa Claus, is said to arrive with a bag of presents on this evening, and sometimes parents will dress up like Santa and knock on the door of the house.

2. When you retire, you become *pensionist*. Regular retirement age in Denmark is 65, but people can choose phased retirement from age 60 and supplement their retirement benefits with a subsidiary from the state. At age 65, everyone receives a pension from the state, comparable to social security. Many people also receive pensions from their former employment, or have private pension funds.

3. Many people place the presents under the tree which is usually Norwegian pine or spruce. Fake trees are not common, but most people now have electric lights on their tree. However, some still prefer the old tradition of real candles on the Christmas tree.

4. *Mormor* and *morfar* are the names for maternal grandparents. Paternal grandparents are *farmor* and *farfar*. The generic term is *bedstemor* and *bedstefar*. Great-grandparents are *oldemor* and *oldefar*. Mormor and Morfar are used as names.

5. Going skiing in Denmark means cross-country as there are no mountains or hills with ski-runs. The highest point in Denmark is *Møllehøj*, at 170,86meter = 567 feet. To learn more, visit www.aktuelnat.au.dk/pdf05_1/an1top.pdf. Marselisborg Skov is the woods surrounding the castle, Marselisborg Slot in Aarhus, belonging to Queen Margrethe 2. To learn more, visit http://kongehuset.dk.

6. *Domkirken* is the Cathedral Church in Aarhus. The construction was begun around 1200, and the first church was completed in Romanesque style around 1300. It is one of the oldest brick buildings in Denmark. It burned down in 1330 but was reconstructed in Gothic style around 1500. It is the longest church in Denmark: 305 ft long, and it is also 305 ft. tall. The church seats 1,200 people, and it is dedicated to the patron saint of seafarers, St. Clemens.

7. In the beginning of a more formal meal it is common to toast one another and say *"skål"* ("cheers"). The Danish toast consists of raising the glass while maintaining eye contact with the other person(s), nodding one's head slightly, drinking, nodding slightly again, and then lowering the glass.

8. A traditional Danish Christmas dinner consists of duck and/or goose. The fowl is stuffed with a mixture of apple pieces and prunes. With this is served white potatoes, red cabbage, and sugar potatoes consisting of small round potatoes covered in a frying pan with a caramel mixture made of butter and melted sugar. Gravy and maybe a salad complete the main course. The dessert is a rice pudding made from short rice boiled in milk, *risengrød*. When the *risengrød* has cooled off, whipped cream and chopped almonds are added to it to produce the dessert, *risalamande*. At the last moment a whole almond is randomly added to the bowl. It is customary in families with little children to make sure that all the children get an almond in their portion, so they can experience the excitement of finding the almond and getting a *mandelgave* (almond present).

9. *Krigen* refers to World War II. Denmark was occupied by the Germans from April 9, 1940, to May 5, 1945. It was a very difficult time in Danish history.

10. At the end of a formal dinner it is customary to say thank you to the hostess or host by toasting her or him. The entire table will then raise their glasses in unison and say *"skål."* Following that is the customary *"Tak for mad"* ("Thank you for the dinner").

11. *Marcipangris* is a candy pig made of marzipan. This was the traditional "almond present" from old times, but today it is frequently replaced with regular chocolate, sweets or a small present.

12. Dancing around the Christmas tree is an old tradition. While it is not really 'dancing,' the people present hold hands and walk around the tree while singing Christmas songs or hymns. The traditional first song is *"Højt fra Træets Grønne Top"* ("High from the green top of the tree"), written by Peter Faber in 1848 with melody by E. Horneman (see words on page 214). The music to this can be found on the Web site http://www.ugle.dk/default.htm, along with the words and music to a traditional hymn *"Dejlig er Jorden"* ("Lovely is the Earth").

13. *Nisse* is the Danish version of an elf. Here it indicates the person who retrieves the presents from under the tree and hands them to the others.

14. *Julegodter* is the general term for all the goodies and candy eaten around Christmas. Hence, it comprises chocolate, marzipan, nuts, dates, etc.

Højt fra Træets Grønne Top

Højt fra træets grønne top
stråler juleglansen,
spillemand, spil lystigt op,
nu begynder dansen.
Læg nu smukt din hånd i min,
ikke rør' ved den rosin!
Først skal træet vises,
siden skal det spises.

Se, børnlil, nu går det godt,
I forstår at trave,
lad den lille Sine blot
få sin julegave.
Løs kun selv det røde bånd!
Hvor du ryster på din hånd!
Når du strammer garnet,
kvæler du jo barnet.

Peter har den gren så kær,
hvorpå trommen hænger,
hver gang han den kommer nær,
vil han ikke længer.
Hvad du ønsker, skal du få,
når jeg blot kan stole på,
at du ej vil tromme,
før min sang er omme.

Anna hun har ingen ro,
før hun får sin pakke:
fire alen merino
til en vinterfrakke.
Barn, du bli'r mig alt for dyr,
men da du så propert syr,
sparer vi det atter
ikke sandt, min datter?

Denne fane, ny og god,
giver jeg til Henrik,
du er stærk, og du har mod,
du skal være fænrik.
Hvor han svinger fanen kækt!
Børn, I skylder ham respekt!
Vid, det er en ære
dannebrog at bære.

Træets allerbedste zir
skal min William have,
på det blanke guldpapir
må du gerne gnave.
Vær forsigtig og giv agt,
indenfor er noget lagt,
som du ej må kramme,
det er til din amme.

O, hvor den er blød og rar,
sikken dejlig hue,
den skal sikre bedstefa'r
imod frost og snue.
Lotte hun kan være stolt,
tænk jer, hun har garnet holdt;
det kan Hanne ikke,
hun kan bare strikke!

Børn, nu er jeg blevet træt,
og I får ej mere,
moder er i køkkenet,
nu skal hun traktere.
Derfor får hun denne pung,
løft engang, hvor den er tung!
Julen varer længe,
koster mange penge.

Ordliste / Vocabulary

ad gangen	at a time
and, n	duck
ankomme, at	arrive
appetit, n	appetite
beundre, at	admire
brunet	sugared; made brown
clementin, n	clementine
dadel, n	date
dengang	back then
dygtig	clever; smart
dykke, at	dive
ende, n	end
fad, t	serving dish
fantastisk	tremendously
figen, n	fig
finde på, at	think up
flytte, at	move
forældre, n, pl	parents
frakke, n	long coat
få fat på, at	get a hold of
gang til, en	one more time
gave, n	present
gudstjeneste, n	service
gå i kirke, at	go to church
gås, n	goose
have styr på, at	get under control
heldigvis	luckily
hilse, at	greet
hjælpe til, at	help out
hovedret, n	main dish
hånd, n	hand
juleevangelium, t	Christmas gospel

julesalme, n	Christmas hymn or carol
juletræ, t	Christmas tree
kaotisk	chaotic
kirke, n	church
kirsebær, t	cherry
komme videre, at	get going
krig, n	war
kære	dear
kørsel, n	drive
lægge, at	lay
lækkert!	delicious; scrumptious
løbe på ski, at	ski (verb)
låne, at	borrow
mandel, n	almond
mandelgave, n	almond present
marcipangris, n	marzipan-pig
masser af	lots of
midt i	in the middle of
minde om, at	remind of
nedenunder	underneath
nisse, n	elf
nød, n	nut
nøjes med, at	make do with; settle for
nå, at	make it to
ønske sig, at	want, desire; wish for
par, t	couple of; a pair of
pause, n	break
pensionist, n	retired person
pleje, at	do usually
pragtfuldt	gorgeous; great
prædiken, n	sermon
pynte, at	decorate
risalamande, n	rice dessert
risengrød, n	rice pudding
rødkål, n	red cabbage

sag, n	case
samle, at	gather; collect
sende, at	pass; send
silkebluse, n	silk blouse; silk shirt
skam	certainly
ski, n	ski (noun)
skov, n	forest; woods
skynde sig, at	hurry
skænke, at	pour
skål, n	bowl
snemand, n	snowman
snestorm, n	snowstorm
sommerhus, t	cabin
spise løs, at	eat a lot
stuvende	completely; "stuffed"
sveske, n	prune
sædvanligt	usual
sætte sig ned, at	sit down
sætte sig til bords, at	sit down at table
sætte væk, at	clear away
så mange som muligt	as many as possible
tilfreds	content
traditionelt	traditionally
tænde, at	light
umuligt	impossible
vare, at	last
vel nok	certainly; surely
vædde, at	bet

UDTRYK / EXPRESSIONS

Så er vi her.	We have arrived.
Glædelig jul.	Merry Christmas.
Det må du gerne.	That would be nice.
Hvem vil med?	Who wants to come?

Vi skal have styr på ...	We need to get ... under control.
Jeg vil vædde på ...	I am willing to bet, I bet ....
Lige sagen!	Just the thing!
Tak i lige måde.	The same to you.
Kør forsigtigt.	Drive carefully.
Kom godt hjem.	Get home safely.

ØVELSER / EXERCISES

1. *Lav sætningerne om til datid.*
   Change the sentences to the past tense. (See pages 150–151.)

   1. Det er en familieaften, hvor man samler mange familiemedlemmer.

   _____

   2. Forældrene fejrer jul med Vibeke og kører fra den anden ende af byen.

   _____

   3. Ole siger goddag til alle og lægger gaverne under træet.

   _____

   4. Det bliver sjovt at fejre jul her, og måske får vi sne.

   _____

   5. Pernille kan lide at løbe på ski, men vi tager alligevel på ferie i et sommerhus.

   _____

   6. Jeg hjælper med at dække bord, og så spiser vi.

   _____

2. *Lav de samme sætninger om til spørgsmål.*
Change the same sentences to questions. (See pages
102–104.)

1. Det er en familieaften, hvor man samler mange
familiemedlemmer.

_____

_____

2. Forældrene fejrer jul med Vibeke og kører fra den anden
ende af byen.

_____

_____

3. Ole siger goddag til alle og lægger gaverne under træet.

_____

4. Det bliver sjovt at fejre jul her, og måske får vi sne.

_____

5. Pernille kan lide at løbe på ski, men vi tager på ferie i et
sommerhus.

_____

_____

6. Jeg hjælper med at dække bord, og så spiser vi.

_____

3. *Lav så mange ord som muligt om til flertal.*
Change as many words as possible to the plural. (See
pages 106–108.)

1. Grete får en silkebluse, en bog, en håndlotion og en flaske vin.

_____

2. Ole får en CD, en bog, handsker, en sweater og en flaske snaps.

_____

3. Vibeke serverer en and, en gås, en kartoffel, et fad med æble
og sveske og rødkål.

_____

_____

4. Som / til dessert er der risengrød, risalamande, kirsebærsovs, mandelgave og kage.

_____

_____

5. På bordet står der en tallerken, et glas, en kniv, en gaffel og en ske.

_____

_____

6. Michael laver te og kaffe med fløde og sukker og chokolade.

_____

**4. *Oversæt til dansk.*
Translate into Danish.**

1. Christmas is a nice time with many family traditions.

_____

2. Grandparents like to celebrate Christmas with their children and grandchildren.

_____

_____

3. Some people drive for a very long time to get to their family to celebrate Christmas.

_____

_____

4. Many people like to go to church on Christmas Eve, and the sermon is very short.

_____

_____

5. Some children think the Christmas dinner takes too long, for they would like to get their presents soon.

_____

_____

6. Some children can't wait for the meal to be over, so they can open presents.

   _____

   _____

7. Many Danes dance around the tree on Christmas Eve while singing songs and holding hands.

   _____

   _____

8. Sometimes it snows around Christmas, but you can't ski very often.

   _____

   _____

9. If you want to go skiing, you must go to a different country in winter.

   _____

   _____

10. After opening presents, many people like to have tea or coffee.

    _____

11. They also like to eat Christmas candy and nuts, dates, figs, and clementines.

    _____

    _____

12. Traditionally, Santa Claus brings presents on Christmas Eve, and you go to bed around midnight.

    _____

    _____

13. The next day is Christmas Day, and everybody sleeps for a long time and relaxes.

    _____

    _____

14. Winter can be nice if you light the Christmas tree and have a cozy time with your family.

    _____

    _____

(See answer key, pages 290–291)

Lektion 11
Hvad med lidt kunst?

Lesson 11
How about some art?

*Christine har nu været i
Danmark i otte måneder,
og foråret er så småt på vej.
En smuk dag i marts, har
hun en aftale med Christian,
Mattias og Pernille om at 'lege
turister' i Århus og bruge en
hel dag på at se de forskellige
seværdigheder.*

Christine has now been in
Denmark for eight months,
and spring is gradually coming.
On a beautiful day in March she
has arranged with Christian,
Mattias and Pernille to 'play
tourists' in Aarhus and spend
an entire day seeing the
various sights.

*Mattias:
Nå, Christine. Er du klar til
den store turistdag? Vi skal nå
en masse forskellige ting i dag,
så jeg håber, du har en masse
energi!*

Mattias:
Well, Christine. Are you ready
for the big tourist day? We have
a lot of different things to do
today, so I hope you have lots of
energy!

*Christine:
Det kan du tro! Jeg glæder mig
til at lære nogle flere ting at
kende her i byen. Hvor skal vi
møde de andre?*

Christine:
You bet! I am looking forward
to getting to know more in this
city. Where are we meeting the
others?

*Mattias:
Vi tager bussen ind til byen,
og så har jeg aftalt med dem,
at vi mødes ved ARoS.[1] Hvis
vi tager 7'eren[2] kommer vi
næsten lige forbi, og vi kan stå
af ved Rådhuset.[3] Det er faktisk
der, Turistkontoret[4] ligger. Men
vi behøver nu ikke gå derind,
for jeg har allerede planlagt
vores dag. Husk dit buskort[5]
og dit studenter ID-kort.[6] Så
kommer du billigere ind de
fleste steder.*

Mattias:
We'll take the bus into town,
and then we are meeting them
at ARoS. If we take bus 7 we
go almost right by it, and we
can get off at the City Hall.
That is actually where you
find the Tourist Bureau. But
we don't have to go in there
since I have already planned
our day. Remember your bus
pass and your student ID. Then
most places will let you in at a
reduced rate.

Christine: *Jeg har det hele. Lad os bare gå. Tror du, det bliver koldt i dag?*	Christine: I have everything. Let us just go. Do you think it will be cold today?
Mattias: *Foråret er ikke altid til at stole på, så jeg ville tage hat og handsker med for en sikkerheds skyld.*	Mattias: Spring isn't always reliable, so I would bring a hat and gloves just to be on the safe side.
Foran Kunstmuseet ARoS møder de Christian og Pernille.	In front of the Art Museum AroS they meet Christian and Pernille.
Christian: *Hej med jer. Lad os bare gå ind. Har nogen af jer egentlig været her før?*	Christian: Hi. Why don't we go in. I wonder if any of you have been here before?
Pernille: *Jeg var her, lige da det var blevet færdigt. Det åbnede d. 8.april 2004, og allerede det første år var der 342.436 gæster. Vi skal starte med at se "Boy."*	Pernille: I was here right when it was finished. It opened on April 8, 2004, and already the first year there were 342,436 visitors. We have to start by seeing "Boy."
Christine: *Hvad er det?*	Christine: What is that?
Pernille: *"Boy" er en skulptur lavet af den australske kunstner Ron Muecks. Det er en fem meter høj dreng, der sidder på hug og er fuldstændig livagtig. Hans krop er lavet af glasfiber, mens hans hår, øjenvipper og øjenbryn er lavet af fiskesnøre. Hans bukser er syet af rigtigt buksestof. Han er ret fantastisk lavet.*	Pernille: "Boy" is a sculpture made by the Australian artist Ron Muecks. It is a five meter tall squatting boy who is completely lifelike. His body is made of glass fiber while his hair, eyelashes and eyebrows are made of fishing line. His pants are sewn out of real canvas. He is pretty awesome.

De går rundt i et par timer og ser på den kunst, der er udstillet i museet. Der er både ældre og moderne kunst, og de ender med at gå op på taget for at se ud over Århus.	They walk around for a couple of hours and look at the art exhibited in the museum. There is both old and modern art, and they finish by walking to the roof to look out over Aarhus.
Christine: *Sikke en flot udsigt, der er heroppe. Jeg kan finde Domkirken og Universitetet. Det er sjovt at se det hele fra oven. Hvor skal vi hen nu?*	Christine: What a great view from up here. I can find the Cathedral and the University. It is fun to see everything from above. Where are we going to now?
Christian: *Jeg synes, vi skal gå hen og se Hovedbiblioteket i Mølleparken[7] først, og så bagefter gå videre til Den Gamle By.[8]*	Christian: I think we should go to see The Main Library in Mølleparken first and then afterwards walk on to The Old Town.
Mattias: *Det er en god ide. Så kan vi få noget frokost på vejen. Der er et godt sted i Møllegade, hvor vi kan få os en sandwich og en sodavand.*	Mattias: That is a good idea. Then we can get some lunch on the way. There is a good place in Møllegade where we can get sandwiches and soda.
De finder sandwichbaren og spiser en hurtig frokost, og så går de videre til Hovedbiblioteket i Møllegade 1.	They find the sandwich bar and eat a quick lunch, and then they go on to the Main Library at Møllegade 1.
Christian: *Jeg synes, det er sådan et flot gammelt bibliotek, og de har tonsvis af bøger her. Jeg tager næsten altid herhen, når jeg skal skrive en opgave til universitetet. Du har da også været her før, har du ikke, Christine?*	Christian: I think it is such a grand old library and they have tons of books here. I almost always go here when I have to write a paper for the University. Surely you have been here before, haven't you, Christine?

Christine:
Jo, men jeg har altid haft
for travlt til at se på selve
bygningen. Og jeg vil godt vide
noget mere om de buster, der
står ude foran hoveddøren.

Christine:
Yes, but I have always been too
busy to look at the building
itself. And I would like to know
more about the busts standing
outside the front door.

Christian:
Vi går hen og spørger
bibliotekaren, om de ikke har
en pjece, der fortæller noget
mere. Det er 11 buster af nogle
af de bedste danske forfattere,
så måske kan du læse nogle af
deres bøger, nu du er blevet så
god til dansk?

Christian:
Let's go and ask the librarian
if they don't have a pamphlet
telling us more. They are
11 busts of some of the best
Danish authors, so maybe you
can read some of their books
now that your Danish is so
good?

Christine:
Jeg kan da i hvert fald forsøge.
Og i mellemtiden kan du
fortælle mig om dem, ikke!

Christine:
At least I can try. And in the
meantime you can tell me
about them, right?

Christian:
Okay, vi tager lige en runde,
og så er det vist på tide at gå
videre til Den Gamle By.

Christian:
OK, we'll just do a round, and
then it must be about time to
walk on to The Old Town.

Da de har gået rundt inde i
Hovedbiblioteket og vandret
rundt udenfor og i parken ved
siden af, går de videre til Den
Gamle By, der ligger i Botanisk
Have.[9]

When they have wandered
around inside the Main Library
and wandered around outside
and in the adjoining park, they
walk on to The Old Town which
is in The Botanical Garden.

Christine:
Hvad er Den Gamle By
egentlig?

Christine:
What is The Old Town,
actually?

Mattias:
Det er et museum, hvor man har en mulighed for at se, hvordan folk boede i gamle dage. Det er virkelig spændende, for alle husene er autentiske, og de har tit mennesker, der er klædt ud som i gamle dage i husene. De går rundt og fortæller om livet dengang, og de viser også, hvordan man lavede forskellige ting, fx sko, støvler, handsker og tønder.

Christine:
Kan man så også gå rundt inde i husene, eller kan man kun se dem udefra?

Mattias:
Du kan gå rundt inde i de fleste af dem, og der er også et gammeldags traktørsted, hvor du kan spise. Der er et gammelt teater, hvor de ind imellem opfører forestillinger eller har opvisninger med gammelt tøj.

Pernille:
Ja, kan du huske, da din mor var model i en rokoko kjole, da hun var ung? Der var en artikel i bladet Bo Bedre[10] med flotte billeder, og så kunne man også købe et postkort med hende. Det var rigtig sjovt, og hun så helt vildt flot ud.

Mattias:
It is a museum where you have a chance to see how people lived in the old days. It is really exciting, for all the houses are authentic, and they often have people dressed up like in the old days in the houses. They walk around telling you about life back then, and they also show you how to make various things, e.g. shoes, boots, gloves, and barrels.

Christine:
Can you walk around inside the houses as well, or can you only see them from the outside?

Mattias:
You can walk around inside most of them, and there is also an old-fashioned tea and beer garden where you can eat. There is an old theater where they have performances from time to time or have fashion shows with old clothes.

Pernille:
Yes, do you remember when your mother modeled a rococo dress when she was young? There was an article in the magazine *Bo Bedre* with great pictures, and then you could buy a postcard with her as well. It was really fun, and she looked absolutely great.

Mattias:
Det er rigtigt. Min mormor kendte inspektøren for Tekstilmuseet, Dr. Phil. Erna Lorenzen, så Vibeke var med til en opvisning af smukke gamle kjoler. Måske kan vi finde et postkort af hende, som du kan få med hjem, Christine.

Mattias:
That's right. My grandmother knew the manager of the Textile Museum, Dr. Phil. Erna Lorenzen, so Vibeke participated in a show with beautiful old dresses. Maybe we can find a postcard with her that you can bring home, Christine.

Christine:
Hvor gammel er Den Gamle By egentlig?

Christine:
How old is The Old Town, actually?

Pernille:
Den første bygning var Borgmestergården, der kom i 1909, men selve museet startede i 1914, og det er vokset vældig meget siden da. I begyndelsen blev ca. 50 gamle huse reddet, så de i stedet for at blive revet ned, blev flyttet og genrejst her. Manden, der grundlagde museet, hed Peter Holm, og han lavede faktisk verdens første frilandsmuseum for borgerhuse.

Pernille:
The first building was The Mayor's Manor which came in 1909, but the museum as such started in 1914, and it has grown tremendously since then. In the beginning, approximately 50 old houses were saved, so that instead of being torn down they were moved and re-erected here. The founder of the museum is Peter Holm, and he actually created the first open-air museum for townsmen's houses in the world.

Christian:
Her er nogle brochurer, jeg fandt. Så kan vi læse mere om hele området. Jeg har også været her mange gange som barn. Ved juletid har de et meget hyggeligt julemarked, og der sker altid forskellige ting.

Christian:
Here are some brochures I found. Then we can read more about the whole area. I was here many times as a child as well. Around Christmas they have a very cozy Christmas fair, and a variety of events are

*Men jeg har nu ikke været her
så meget i den sidste tid. Jeg
vil godt ind og se samlingen af
sølvtøj.*

Pernille:
*Ja, og jeg vil godt se
Tekstilmuseet med kjoler og
gammelt tøj. Hvad vil du gerne
se, Mattias?*

Mattias:
*Tja, hvad med Traktørstedet, så
vi kan få en kop kaffe—al denne
kultur gør mig meget træt!!*

Pernille:
*Så længe du bare ikke bliver alt
for træt af det,[11] for vi er altså
slet ikke færdige endnu! Hvis vi
tager en pause, må du bare se
at blive mere energisk!*

*De finder et hyggeligt bord i
kælderen og får en kop kaffe og
et stykke kringle,[12] og så kan de
lidt igen.*

Christine:
*Der er bare så mange ting at
se her. Jeg tror, jeg vil tilbage
en anden dag, for jeg kan da
slet ikke nå at se det hele på én
gang.*

Christian:
*Jeg vil godt med. Jeg har glemt,
hvor meget nyt de har lavet,
og jeg vil også gerne se de nye*

always going on. But I haven't
been here much lately. I would
like to see the collection of
silverware.

Pernille:
Yes, and I want to see the
Textile Museum with dresses
and old clothes. What would
you like to see Mattias?

Mattias:
Well, how about the tea garden,
so we can get a cup of coffee—
all this culture makes me very
tired!

Pernille:
As long as you don't get too
tired of it, for we are not done
at all yet! If we take a break
you'll just have to get more
energetic!

They find a cozy table
downstairs and have a cup of
coffee and a piece of kringle,
and then they can go on.

Christine:
There are just so many things
to see here. I think I want to go
back another day, for I can't see
everything at once.

Christian:
I'll come with you. I have
forgotten how many new
things they have made, and I'd

bygninger. Men hvad siger I?
Skal vi ikke gå et smut hen
til Domkirken og så gennem
Strøget, før vi tager bussen
hjem igen ?

like to see the new buildings
as well. But what do you say?
Shouldn't we take a stroll over
to the Cathedral and then
walk through Strøget before
catching a bus home?

Christine:
Er butikkerne ikke lukkede nu?[13]

Christine:
Aren't the stores closed by now?

Christian:
Jo, men Domkirken er åben. Vi
kan da også godt tage en bus
herfra, hvis du er træt.

Christian:
Yes, but the Cathedral is open.
We can take a bus from here if
you're tired.

Christine:
Nej, jeg vil gerne se Domkirken
indefra igen. Men så er det
sidste punkt på dagsordenen,
for jeg synes, vi har gået meget
og set meget i dag.

Christine:
No, I'd like to see the Cathedral
inside again. But then that is
the last item on the agenda,
for I think we have walked and
seen a lot today.

Domkirken er åben og flot
belyst. De tager en rundtur og
går så hen til busstoppestedet
ved Katedralskolen.[14]

The Cathedral is open and
beautifully lit. They do a round
and then go to the bus stop at
Katedralskolen.

Christine:
Hvad er det for en skole? Der
står Katedralskolen på muren.

Christine:
What school is that? It says
Katedralskolen on the wall.

Christian:
Det var der, Mattias og jeg gik
i gymnasiet. Det er en meget
gammel skole—over 800 år
gammel—som hørte sammen
med Domkirken. Det er derfor,
den hedder Katedralskolen.

Christian:
That was where Mattias and I
went to the Gymnasium. It is
a very old school—more than
800 years old—which was
connected to the Cathedral.
That is why it is called The
Cathedral School.

Christine:	Christine:
Du vil da vel ikke bilde mig ind, at den skole der er 800 år gammel?!	You don't want me to believe that that school there is 800 years old?!
Christian:	Christian:
Nej da, men der har ligget en skole på det samme sted i over 800 år, og så er bygningerne selvfølgelig nye. Det er en rigtig god skole, og så er det nemt at pjække og gå på café i timerne, hvis man altså tør!	No, but there has been a school at that same spot for more than 800 years, and the buildings are new, of course. It is a really good school, and then it is easy to skip a class and go to a café, if one dares!
Mattias:	Mattias:
Øh ja, det skal vi ikke lige snakke alt for højt om! Vi finder lige en bus! Vi har ikke set Musikhuset,[15] men det må blive en anden dag.	Oh well, yes, let us not talk about that too much! Let's find a bus! We haven't seen Musikhuset, but that must wait for another day.
Christine og Pernille:	Christine and Pernille:
Ja, tak! Det har været en fin dag som turist i Århus.	Yes, thanks! It has been a grand day as a tourist in Aarhus.

Fodnoter / Footnotes

1. *ARoS* is the recently opened Art Museum in Aarhus. To learn more about it, visit: www.aros.dk.

2. *7'eren* is the bus number 7. All buses are numbered and have specific routes. You can buy a single ticket, good for a round trip within 2 hours, a 10-trip ticket, a monthly bus pass, a 3-month bus pass or a year's bus pass. You can also buy a tourist pass for the weekend or a whole day.

3. *Rådhuset* is the City Hall in Aarhus. To learn more about it, visit: www.visitaarhus.com/composite-877.htm.

4. *Turistkontoret* is the Tourist Information Bureau. To learn more and plan your trip to Aarhus, visit: www.visitaarhus.com.

5. As a student you get a discounted bus pass. Retired people also get discounts.

6. As a student, you get an ID card which gives you a reduced rate for museums, concerts, etc. all over Europe.

7. *Hovedbiblioteket* is the Main Library in Aarhus. To learn more about it, visit: www.aakb.dk/sw992.asp.

8. *Den Gamle By* (The Old Town) is a museum depicting all aspects of life in the old towns with large collections of workshops, merchants' stalls, and interiors from various houses. Old houses of special interest were methodically taken apart, numbered, and re-erected within the grounds of the outdoor museum. These houses were then furnished in a historically accurate fashion, allowing the visitor a look at life as it took place in the old days. As a visitor, one's senses of smell, touch and sight are all projected into a different age with people living a different life. Simultaneously, the museum established major collections of clothes, furnishings, furniture, ovens, toys, silverware, faience and china, making The Old Town the largest collection of artifacts outside of Copenhagen. To learn more about it, visit: www.dengamleby.dk/dgb.htm.

9. *Botanisk Have* is a large Botanical Garden in the middle of Aarhus. To learn more about it, visit: www.aarhuskommune.dk/portal/borger/miljoe_natur/ud_i_naturen/botanisk_have.

10. *Bo Bedre* is a monthly magazine comparable to *Better Homes and Gardens*. To learn more about it, visit: www.bobedre.dk.

11. *Træt* (tired) / *træt af det/noget* (tired of something, bored by something)

12. *Kringle* is a Danish pastry, also called kringle in English. Racine, WI, calls itself the kringle capital of the United States.

13. Stores in Denmark are usually open from 9 am to 5:30 pm or 8 pm. Most stores are open Saturday morning and early afternoon, and closed on Sundays. Supermarkets usually have longer opening hours. It is a good idea to check opening hours for stores as they are not comparable to opening hours in the United States.

14. *Katedralskolen* (The Cathedral School). To learn more about it, visit: www.aarhuskat-gym.dk/.

15. *Musikhuset* (The Music House) is a fairly new, impressive center for the performing arts in the middle of Aarhus. To learn more about it, visit: www.musikhusetaarhus.dk/.

ORDLISTE / VOCABULARY

aftale, n	appointment, agreement
allerede	already
artikel, n	article
autentisk	authentic
belyst	lit up
bibliotek, t	library
bibliotekar, n	librarian
bilde ind, at	make believe
blad, t	magazine
blive træt af, at	get tired of, be bored with
borgerhus, t	townsman's house
brochure, n	pamphlet, brochure
buksestof, t	canvas, pants fabric
buskort, t	bus pass
buste, n	bust
bygning, n	building
dagsorden, n	agenda
derind	in there
dreng, n	boy
egentlig	actually, in fact
ende med, at	finish with
energi, n	energy
faktisk	actually
fiskesnøre, n	fishing line
flytte, at	move
for en sikkerheds skyld	be on the safe side

forestilling, n	performance
forfatter, n	author
forsøge, at	try
fra oven	from above
frilandsmuseum, t	open air museum
fuldstændig	completely
gammeldags	old-fashioned
genrejse, at	re-erect
glasfiber	glass fiber
grundlægge, at	found
gæst, n	visitor
gøre træt, at	make tired
handske, n	glove
hel; halv	whole; half
hoveddør, n	front door, main door
høre sammen med, at	be connected with
hår, t	hair
i mellemtiden	in the meantime
ikke sandt?	right?
indefra; udefra	from inside; from outside
inspektør, n	manager
klæde ud, at	dress up
komme ind, at	be let in
kringle, n	kringle (a pastry)
krop, n	body
kultur, n	culture
kunne lidt igen, at	be able to go on a bit
kunst, n	art

kunstner, n	artist
kælder, n	basement, downstairs
lege, at	play
ligge, at	lie, to be located
livagtigt	lifelike
marked, t	fair
masse, n	lot
meter, n	meter (approx. 3 feet)
model, n	model
mon	I wonder
mulighed, n	possibility
område, t	area
opføre, at	perform
opgave, n	paper, essay
opvisning, n	show
park, n	park
pjece, n	pamphlet
pjække, at	skip class, play truant
planlægge, at	plan
postkort, t	postcard
punkt, t	item, point
redde, at	save, salvage
rive ned, at	tear down
rokoko	rococo (from that period)
runde, n	round, stroll
rundtur, n	round
samling, n	collection
seværdighed, n	sight
sidde på hug, at	squat

sikkerhed, n	security
skulptur, n	sculpture
skyld, n	sake
smut, t	stroll
snakke højt om, at	talk about out loud
stole på, at	trust
sy, at	sew
sølvtøj, t	silverware
time, n	class
tit = ofte	often
tonsvis	tons of
traktørsted, t	tea garden, beer garden
turist, n	tourist
tønde, n	barrel
udsigt, n	view
udstille, at	exhibit
vandre, at	wander, stroll
ved siden af	next to
verden, n	world
vise, at	show
vokse, at	grow
øjenbryn, t	eyebrow
øjenvippe, n	eyelash

Udtryk / Expressions

Vi skal nå en masse!	We have a lot to do!
Det kan du tro!	You bet!; Sure!
Har I mon været her før?	I wonder if you've been here before?
Sikke en flot udsigt.	What a beautiful view.
Ikke sandt!	Isn't that right!
Det gør mig træt!	It makes me tired!
Så kan de lidt igen.	Then they can go on a bit.
Hvad siger I?	What do you say?
Vil du bilde mig ind...?	Are you trying to tell me...?
Hvis man altså tør.	If one dares.
Det skal vi ikke snakke højt om.	Let's keep that quiet.

Øvelser / Exercises

1. **Sæt adjektivet ind i den rigtige form.**
    Insert the adjectives in the correct form. (See pages 47–49.)

    1. (kold) Han kan ikke lide _____ vejr.
    2. (varm) Så vil han gerne have _____ te.
    3. (høj) Vi spiller tit _____ musik.
    4. (god) Så er det rart at have et _____ stereoanlæg.
    5. (åben) Den _____ dør viser, at vi gerne vil snakke.
    6. (lukket) Den _____ dør viser, at vi gerne vil sove.
    7. (stor) Den _____ gås smagte godt til jul.
    8. (lille) Den _____ and var også god.
    9. (lille) De _____ børn var glade for gaverne.
    10. (gammel) De _____ (mennesker) var glade for maden.

11. (stor) Hun er _____ end mig.

12. (lille) Han er _____ end hende

13. (gammel) Bedstemor er den _____ i familien.

14. (ung) Bedstefar er _____ end bedstemor.

15. (sød) Sukker er det _____, man kan spise.

16. (sød) Den røde sweater er _____ end den grønne.

17. (dygtig) Hun er _____ end sin mand til at sy.

18. (flot) Juletræet er _____ i år end sidste år.

19. (meget) Hun er den i familien, der er _____ glad for sine gaver.

20. (flere) Han er den af drengene, der har fået _____ penge i år.

2. **Sæt sætningerne sammen med et relativt pronomen (som eller der).**
    Combine the sentences with a relative pronoun (*som* or *der*).
    (See pages 172–173.)

    Eksempel / Example: Vi tager en bus. Bussen er en 7'er.
    <u>Vi tager en bus, der er en 7'er.</u>

1. Der kommer en pige gående. Pigen er vældig sød.

2. Juleaften spiser vi and. Anden smager godt.

3. Musikhuset i Århus er meget stort. Musikhuset ligger midt i Århus.

4. Rådhuset er gammelt. Rådhuset har en klokke.

5. Den Gamle By blev grundlagt i 1914. Den Gamle By har mange huse.

6. Hovedbiblioteket ligger i Møllegade. Hovedbiblioteket har tonsvis af bøger.

7. Sandwichbaren sælger god mad. Sandwichbaren ligger i Møllegade.

8. Huset er rødt. Han har lige købt huset.

9. Vi aftaler at gå i biografen. Biografen ligger langt væk.

10. Vi tager bussen på / til arbejde. Bussen er en gul nummer 7.

3. *Oversæt til dansk.*
Translate into Danish.

1. It will soon be spring, and it is getting warmer.

   _____

2. They agree to spend a day looking at sights.

   _____

3. It is a good idea to bring a hat and gloves since the weather is not reliable.

   _____

   _____

4. They usually take the bus because it is easier than driving a car.

   _____

   _____

5. When they meet their friends, they say hello and go inside.

   _____

6. They enjoy the fantastic modern art in the exhibitions, but they also like older art.

   _____

   _____

7. When they are hungry, they find a place to eat a sandwich and drink some water.

   _____

   _____

8. The outdoor museum is very exciting, for it is fun to see how people lived in the old days.

   _____

   _____

9. Many women dress up and tell you what it was like to live in 1850.

   _____

   _____

10. They got cold in winter, for it was not easy to be warm in the old houses.

    _____

    _____

11. When they have had a cup of coffee, they get a bit more energy to go on.

    _____

    _____

12. The Cathedral is a beautiful old church, and it lies next to a school.

    _____

    _____

13. The bus stop is also next to the school, which is more than 800 years old.

    _____

    _____

14. They are happy to be going home again after playing tourists for a day.

    _____

    _____

(See answer key, pages 291–292.)

Lektion 12
Det er Fødselsdag!

Lesson 12
It's a Birthday!

Det er d. 28.juni, og Ole har fødselsdag. Vibeke har planlagt at fejre den for ham, så hun har inviteret hele familien til middag. John er også kommet hjem fra København, selv om semestret ikke er helt færdigt endnu. Ole og Grete ankommer ved 17-tiden om eftermiddagen.

It is June 28th and Ole's birthday. Vibeke has planned to celebrate it for him, so she has invited the whole family to dinner. John has also returned from Copenhagen even though the semester isn't quite over yet. Ole and Grete arrive around 5 pm.

Vibeke:
Tillykke[1] med fødselsdagen og rigtig hjertelig velkommen!

Vibeke:
Happy birthday and heartily welcome!

Ole:
Tusind tak, fordi I ville se os. Vi har glædet os til at se hele familien i dag. Også tak fordi I har sat flag[2] op i indkørslen.

Ole:
Thanks so much for wanting to see us. We have looked forward to seeing the whole family today. And thanks for putting up flags in the driveway.

Vibeke:
Vi ville jo gerne gøre det festligt for dig, og vejret har været fint, så du har åbenbart været artig![3]

Vibeke:
We wanted to make it festive for you, and the weather has been fine, so you have been good, obviously!

Grete:
Ja, det ved jeg nu ikke rigtigt! Men det har foreløbig været en dejlig dag.

Grete:
Well, I don't know about that! But so far it's been a lovely day.

John har dækket et festligt bord med flag, lys og flagservietter. De siger skål og ønsker tillykke, og så spiser de den lækre middag, som Vibeke og Michael har lavet. Bagefter skal der åbnes gaver.

John has set a festive table with flags, candles, and flag-napkins. They make a toast with congratulations, and then they eat the delicious dinner which Vibeke and Michael have made. Then, presents are opened.

Ole:
Ih, en vejrstation. Det var lige, hvad jeg ønskede mig. Det er rart at vide, om det bliver regnvejr, når vi skal gå tur om formiddagen. Og det er også rart at vide, hvor koldt eller varmt det er udenfor. Man kan ikke altid regne med vejrudsigten i avisen.[4]

Mattias:
Vi plejer at se Nyhederne i fjernsynet,[5] *og deres vejrudsigt er næsten altid rigtig.*

Grete:
Vi ser også Nyheder på TV hver aften. Der sker så meget i verden for tiden, og meget af det er ret deprimerende.

Michael:
Ja, det har du ret i. Men på den anden side er det rart at have Jyllands Posten og se Nyheder på TV for at vide, hvad der foregår.

Ole:
Verden er helt sikkert blevet meget mindre. I gamle dage vidste man ikke ret meget om, hvad der foregik i fjerne lande. I dag får vi nyhederne lige med det samme, og det er både godt og skidt. Sjovt nok er virkeligheden kommet tæt

Ole:
Oh, a weather station. That was just what I wanted. It is nice to know if it will rain when we're going for a walk in the morning. And it is also nice to know how cold or hot it is outside. One can't always trust the weather report in the paper.

Mattias:
We usually watch the news on TV, and their weather report is almost always correct.

Grete:
We also watch the news every night. So many things are happening in the world these days, and a lot of it is quite depressing.

Michael:
Yes, you are right. But on the other hand it is nice to have Jyllands Posten and watch the news to know what is going on.

Ole:
The world has definitely become smaller. In the old days, one didn't know much about what happened in distant countries. Today, we get the news right away, and that is both good and bad. It's strange that reality has come closer

ind på livet af os, samtidig med at alle de unge foretrækker at lukke den ude ved hjælp af computere, spil, iPods osv.	to us at the same time that all the youngsters prefer to shut it out by the help of computers, games, iPods, etc.
Mattias: *Det er jeg ikke enig med dig i. Jeg ved godt, at mange børn og unge bruger en masse tid foran computeren, men de lærer da også noget, og det er nødvendigt at kende noget til computere for at få et job i dag.*	Mattias: I don't agree with you. I know that many kids and youngsters spend a lot of time in front of the computer, but they also learn something, and it is necessary to know computers to get a job these days.
Grete: *Jeg er godt tilfreds med at kunne modtage og sende e-mails. Jeg har ikke brug for internettet til daglig.*	Grete: I am quite satisfied with receiving and sending e-mails. I don't need the Internet on a daily basis.
Pernille: *Nej, det kan jeg godt forstå, fordi du er pensionist. Men som studerende ville jeg slet ikke kunne undvære internettet eller en computer.*	Pernille: No, I understand that since you are retired. But as a student I couldn't manage without the Internet or a computer.
Grete: *Kan du ikke bare gå på biblioteket og finde de bøger, du skal bruge til dine opgaver?*	Grete: Can't you just go to the library and find the books you need for your papers?
Pernille: *Jo, det kunne jeg vel godt. Men på den anden side er det bare meget nemmere at finde information elektronisk. Og så bliver man vant til det og måske en smule forkælet.*	Pernille: Yes, I suppose I could do that. But on the other hand it is just a lot easier to find information electronically. And then one gets used to it and maybe a bit spoiled.

John:
Jeg kunne bestemt ikke forestille mig et studium, hvor man ikke havde adgang til computere. Det ville gøre alting meget mere besværligt. Når jeg er færdig som ingeniør, kommer jeg også til at bruge computere og programmer hele tiden. Det er simpelthen blevet en del af livet i den moderne verden.

John:
I definitely couldn't imagine a field of study where one didn't have access to computers. It would make everything much more difficult. When I'm done as an engineer I will also be using computers and programs all the time. That has simply become a part of life in the modern world.

Ole:
Dengang jeg blev færdig med min uddannelse, var der ikke noget, der hed computere, og derfor klarede vi os uden. Det var heller ikke muligt at høre musik hele tiden. Jeg kan tydeligt huske den første båndoptager, jeg havde. Den brugte en tråd til at optage med, og tråden gik hele tiden i stykker!

Ole:
When I finished my education, computers didn't exist, so we managed without them. It wasn't possible to listen to music all the time either. I clearly remember the first tape recorder I had. It recorded on a thread, and the thread broke all the time!

Mattias:
Det ville være ret trist at skulle slæbe rundt på sådan en stor maskine. Jeg tror, jeg foretrækker min iPod!

Mattias:
It would be quite sad to have to drag such a big machine around. I think I prefer my iPod!

Grete:
Jeg kan godt lide musik, men jeg kan også godt lide stilhed. Det er rart at kunne slukke for fjernsyn og radio og bare sætte sig hen med en bog. Det er nok derfor, det er godt, at de forskellige generationer ikke bor sammen!⁶

Grete:
I like music, but I also like silence. It is nice to be able to turn off the TV and radio and just sit down with a book. That is probably why it is good that the different generations don't live together.

Vibeke:
Ja, heldigvis klarer I jer rigtig godt, men I er skam altid velkomne til at komme og bo her hos os. Mattias flytter jo så snart, han er færdig med sine studier.

Vibeke:
Yes, luckily you are managing quite well, but you are always welcome to come and live with us. Mattias will be moving out as soon as he has finished his studies.

Grete:
Ja, hvad vil du egentlig bruge din uddannelse til, Mattias?

Grete.
Yes, what are you actually planning to use your education for, Mattias?

Mattias:
Åh, det ved jeg ikke rigtig. Jeg tror, jeg vil stole på, at Pernille får et godt job som lærer, så hun kan forsørge mig. Så kan jeg blive hjemmegående husfar!⁷

Mattias:
Oh, I don't quite know. I think I'll rely on Pernille getting a good job as a teacher so she can provide for me. Then I can be a home-working house-father!

Vibeke:
Hm, så skal I da have nogle børn først—ellers er du bare hjemmegående!

Vibeke:
Well, then you need some kids first—otherwise you are just walking around the house!

Pernille:
Okay, det er vist lidt for tidligt med den diskussion! Hvad med dig Christine? Du siger slet ikke noget. Hvad vil du lave, når du vender hjem igen?

Pernille:
OK, it is a bit early for that discussion, I think! What about you, Christine? You are not saying anything. What do you want to do when you return home again?

Christine:
Jeg synes, det er sjovt at høre jer snakke om gamle dage. Når jeg kommer hjem, skal jeg bare fortsætte mine studier i et par år, og så skal jeg helst

Christine:
I enjoy listening to you talk about the old days. When I get back I'll just continue my studies for a couple of years, and then I would like to find

finde et job, hvor jeg tjener en masse penge. Jeg ender med en kæmpestor studiegæld!

John:
Det er sandt. Vi er forkælede her i landet, fordi vi får S.U.,[8] mens vi læser. Det hjælper meget på økonomien, selv om det for det meste også er nødvendigt at arbejde ved siden af studiet eller at tage lån.

Michael:
Vores nuværende regering vil heldigvis ikke hæve skatten, så måske bliver det dyrere at få en uddannelse. Det kan godt være et problem, hvis man indfører brugerbetaling for universiteterne.

Ole:
Jamen, det manglede da bare, at man ikke selv skulle betale for sin uddannelse. Jeg synes, staten betaler alt for meget for de unge, og at de burde finde sig et arbejde, mens de læser, så de kan få en ide om, hvordan det virkelige liv er!

Mattias:
Det er altså noget sludder! Det er da et fuldtidsjob at gå på universitetet, og du skal da have noget for dine skattepenge! Du får to børnebørn med en uddannelse—hvor er du heldig!

a job where I make a lot of money. I'll end up with a huge student debt!

John:
That's true. We are spoiled in this country because we get S.U. while studying. It helps one's finances a lot even though most often it is also necessary to work alongside studying or take a loan.

Michael:
Fortunately, our current government will not raise taxes, so it might be more expensive to get an education. It might be a problem if they establish user payment for the universities.

Ole:
Yes, but it is only natural that one pays for one's own education. I think the state pays way too much for the youngsters and that they ought to find a job while they are studying so they can get an idea about real life!

Mattias:
Seriously, that is nonsense! Being a university student is a full-time job, and you should get something for your tax-money! You are getting two grandchildren with an education—you are so lucky!

Grete:
Jeg synes ikke, vi skal diskutere politik på Oles fødselsdag. Så bliver vi bare uenige som sædvanlig.

Vibeke:
Hvad med en kop kaffe i stedet for? Jeg har lavet fødselsdags-lagkage,[9] og du har godt nok mange lys at blæse ud!

De synger fødselsdagssang,[10] Ole blæser lysene ud, og så får de lagkage til kaffen. Til sidst tænder de for fjernsynet og ser Nyheder. Da de kommer til sporten, siger Ole og Grete tak for en vellykket fødselsdag og kører hjem. De andre ser lidt fodbold[11] og slukker så.

Michael:
Sikke en dejlig aften vi har haft. Du skal bare komme tilbage til Danmark, Christine, og du kan altid komme og bo hos os igen.

Christine:
Tak for tilbudet. Det er ret normalt at flytte meget rundt i USA, så jeg tror ikke, jeg kommer til at bo tæt ved mine forældre, men det kan godt være, at Århus er lidt for langt væk for dem. Vi får se. Jeg skal først være færdig med studierne, og derefter kan jeg planlægge fremtiden.

Grete:
I don't think we should discuss politics on Ole's birthday. We'll just disagree as usual.

Vibeke:
How about a cup of coffee instead? I have made a birthday cake, and you certainly have a lot of candles to blow out!

They sing the birthday song, Ole blows out the candles, and then they have cake with the coffee. Finally, they turn on the TV and watch the news. When they get to sports, Ole and Grete say thank you for a wonderful birthday and drive home. The others watch a bit of soccer and then turn it off.

Michael:
What a lovely evening we've had. You should just come back to Denmark, Christine, and you can always come and live with us again.

Christine:
Thanks for the offer. It is normal to move around a lot in the U.S., so I don't think I'll be living close to my parents, but it might be that Aarhus is a bit too far away for them. We'll see. First, I'll have to finish my studies, and then I can plan the future.

Pernille:	Pernille:
Der er ikke noget, der haster.	There is no rush. I'll be done
Jeg bliver færdig om to år, og	in two years and then I have to
så skal jeg finde et job. Jeg tror	find a job. I don't think it'll be
ikke, det bliver svært, og jeg	difficult, and I look forward to
glæder mig til at komme i gang	starting to work with children.
med at arbejde med børn. Det	It would also be ok if we have
gør heller ikke noget, hvis vi	to move from Aarhus. I like
skal flytte fra Århus. Jeg kan	Vestjylland.
godt lide Vestjylland.[12]	
Mattias:	Mattias:
Ja okay, men ikke for langt	Yes OK, but not too far west.
vestpå. Afstandene er godt	Granted, distances are not very
nok ikke så store her, men	big here, but I would still like
jeg vil alligevel gerne være i	to be close to a major city. Of
nærheden af en større by. Det	course, it is cheaper to live in
er selvfølgelig billigere at bo på	the countryside than in the
landet end i byen, så i starten er	city, so in the beginning it is a
det en god ide.	good idea.
Pernille:	Pernille:
Vi finder nok ud af det til	We'll probably work it out when
den tid. Tak for i aften,	the time comes. Thanks for this
Vibeke og Michael, og godnat	evening, Vibeke and Michael,
allesammen.	and good night everyone.

Fodnoter / Footnotes

1. *Tillykke* is the customary expression meaning happy birthday, congratulations and is used on every other joyous occasion one might want to celebrate.

   Tillykke med fødselsdagen. (Happy birthday.)
   Tillykke med babyen. (Congratulations on your baby.)
   Tillykke med forfremmelsen. (Congratulations on your promotion.)
   Tillykke med bryllupsdagen. (Happy anniversary.)

2. The Danish flag is called Dannebrog. It is red with a white cross that extends to the edges of the flag. Legend has it that it fell from the sky during the Battle of Lyndanisse, also known as the Battle of Valdemar, near Tallinn in Estonia on June 15, 1219, during a critical stage, resulting

in Danish victory. (To learn more, visit: http://en.wikipedia.org/wiki/ Flag_of_Denmark#The_legendary_origin_of_the_flag.) June 15 is called Valdemar's Day and is an official flag day. In the old days, flags of paper and silk were sold on the streets with the proceeds going to charities.

Danes use the flag a lot. They fly the flag for personal birthdays, anniversaries, and festive occasions, as well as for the official holidays and birthdays of the royal family. Planting paper flags along the edges of the driveway is customary for birthdays and graduation parties. Flags are also placed on the table or around the house to indicate celebration.

3. Legend has it that your behavior in the past year determines the weather on your birthday—naughty or nice: rainy or sunny!

4. There are several major newspapers in Denmark, and they all have Web sites where news can be read in Danish as well as English. The three largest are Jyllands Posten: www.jp.dk; Politiken: www.politiken.dk; and Berlingske Tidende: www.berlingske.dk.

5. News from Danish TV and radio can be found at the Web site www.dr.dk.

6. In Denmark, three generations don't normally live together. Most often, elderly people move to assisted living or nursing homes. The expense is primarily paid by the welfare system which ensures that everyone has a place to be. Similarly, in-house home help for the elderly, meals on wheels, and nursing care is also available and paid for through the taxes if one is unable to pay for oneself.

7. This is a pun on the term *"hjemmegående husmor"* the name for a wife and mother working in the home without an outside job. During the Women's Movement and Youth Rebellion of the late 1960's, this term became quite controversial as the status of the housewife was perceived as the lowest in society. Women were encouraged to leave the house and household chores to their male spouse and enter the labor market. They did this to a great extent, and few women are full-time housewives in Denmark today.

8. S.U. stands for *Statens Uddannelsesstøtte* and is a stipend given to all students 18 years and older. The amount received depends on whether one is living at home or independently, and whether one is in a high school / junior college or at a university. It is taxable income, but usually taxed at the lowest rate. It may be supplemented with State Student Loans. A university student gets around 4.800 kr per month. To learn more, visit www.su.dk.

9. *Lagkage* is a special cake made for birthdays. It consists of layers of cake with whipped cream, jam or custard creme in between. Usually it is topped

with an icing or whipped cream. It is round and cut in wedges. Flags and candles are placed on top. In Denmark, the cake for lagkage is sold in all supermarkets, so people create the lagkage with various fillings and toppings, and also use it for other festive events.

10. *Fødselsdagssang* is a special song sung on a person's birthday:

> *I dag er det Oles fødselsdag, hurra, hurra, hurra.*
> *Han sikkert sig en gave får,*
> *som han har ønsket sig i år.*
> *Og dejlig chokolade og kager til.*

11. *Fodbold* is the Danish national sport of soccer. It is immensely popular and played by young and old, women and men. See Lesson 4.

12. Vestjylland is the western part of Jutland which has a different soil than the rest of Jutland due to the influence of the last ice age around 11,000 years ago.

ORDLISTE / VOCABULARY

adgang, n	access
afstand, n	distance
artig; uartig	good; naughty
avis, n	newspaper
besværligt	difficult
blive vant til, at	get used to
blæse ud, at	blow out
brugerbetaling, n	consumer payment
båndoptager, n	tape deck, tape recorder
del, n	part
dengang	back then
deprimerende	depressing
elektronisk	electronic, electronically
ende, at	finish
festligt	festive

fjern; nær	distant; close
flag, t	flag
foregå, at	go on, happen
foreløbig	so far
forestille mig, at	imagine
foretrække, at	prefer
forkælet	spoiled
forsørge, at	provide for
fremtid, n	future
fødselsdag, n	birthday
generation, n	generation
godt nok	actually
gå i stykker, at	break, go to pieces
haste, at	be in a rush
hjemmegående	stay-at-home
hjertelig	hearty
husfar, n	house-father
hæve, at	raise, increase
indføre, at	initiate, introduce
indkørsel, n	driveway
internet, t	Internet
klare sig, at	manage
komme i gang med, at	get started with
kæmpestor	huge
lagkage, n	layer cake
liv, t	life
lukke ude, at	shut out
lån, t	loan
mangle, a	be without
mangle bare, at	it is natural
maskine, n	machine
med det same	at once

modtage, at	receive
nem; svær	easy; difficult
nuværende	current
optage, at	record
program, t	program
på den anden side	on the other hand
regering, n	government
regne med, at	count on
regnvejr, t	rainy weather
sende, at	send
side, n	side
simpelthen	simply
sjovt nok	funny enough, it is weird
sludder, n/t	nonsense
slukke, at	turn off
smule, n	bit
sport, n	sports
start, n	beginning
stilhed, n	silence
studiegæld, n	student debt
sætte sig, at	sit down
til daglig	on a day-to-day basis, daily
til den tid	when the time comes
tilbud, t	offer
tjene, at	earn
tråd, n	thread
tur, n	walk
tænde, at	turn on
tæt ind på livet	close to you
undvære, at	be without
ved hjælp af	by the help of, with the aid of
vejrstation, n	weather station

vejrudsigt, n	weather report
vellykket	wonderful, successful
vestpå	out west
økonomi, n	finances
åbenbart	obviously

UDTRYK / EXPRESSIONS

Rigtig hjertelig velkommen.	A very hearty welcome.
Tak, fordi I ville se os.	Thanks for inviting us.
Det ved jeg nu ikke rigtigt!	I'm not sure about that!
Det er både godt og skidt.	That is both good and bad.
Det er sandt!	That's right!
Det mangler da bare.	It's only natural.
Det er noget sludder!	That is nonsense!
Hvor er du heldig.	You are so lucky. / How lucky you are.
Vi får se.	We'll see.

ØVELSER / EXERCISES

1. *Indsæt (retnings) adverbiet i den rigtige form.*
   Insert the (directional) adverb in the correct form. (See pages 126–127.)

   1. (ud) Der er flag _____ i indkørslen.
   2. (ind) Kommer du _____ i stuen nu?
   3. (op) Vi skal _____ ad trappen til første sal.
   4. (ned) De sidder _____ i kælderen og ser fjernsyn.
   5. (hen) Hvor er du _____? Jeg kan ikke finde dig.
   6. (over) Han bor _____ ved skoven.
   7. (op) Jeg kan godt lide udsigten _____ fra taget.
   8. (hen) Jeg skal _____ til min veninde i eftermiddag.

9. (ind) Vi sidder tit _____ i dagligstuen og snakker.
10. (ud) Vil du med _____ i aften?

2. *Indsæt det korrekte possessive pronomen.*
Insert the correct possessive pronoun. (See pages 50–51.)

1. De spiser altid (their) _____ morgenmad i sengen.
2. Han elsker at lege med (his own) _____ børn.
3. Vi kan bedst lide (our) _____ egne bøger.
4. Hun kan godt lide at sy tøj til (her own) _____ datter.
5. Kan du komme til (my) _____ fødselsdagsfest i aften?
6. De har det godt, når de besøger (their) _____ familie.
7. Han tager (his own) _____ hat med, fordi det er koldt.
8. Hun tager (her own) _____ søn med på indkøb.
9. De kan ikke lide (her) _____ tøj.
10. Jeg plejer at køre (his) _____ bil på arbejde.

3. *Skriv datoerne.*
Write the dates. (See page 195.)

1. 21 / 3 _____
2. 9 / 11 _____
3. 14 / 9 _____
4. 8 / 3 _____
5. 31 / 1 _____

4. *Skriv udregningerne.*
Write the calculations. (See pages 193–194.)

1. $17 + 56 =$ _____
2. $83 - 26 =$ _____
3. $39 * 6 =$ _____
4. $125 * 14 =$ _____
5. $119 : 17 =$ _____
6. $363 : 11 =$ _____

5. *Oversæt til dansk.*
Translate into Danish.

1. When one has a birthday it is nice to be celebrated.

   _____

2. The flags were in the driveway and all over the house.

   _____

3. Flags were also on the napkins, and there were candles in the cake.

   _____

   _____

4. In the evening, they watch the news on TV, and the weather report is often incorrect.

   _____

   _____

5. He also reads a newspaper every day and likes knowing what is going on in the world.

   _____

   _____

6. Many things are depressing today, and we know more about them.

   _____

   _____

7. A weather station is great for telling you what the weather will be like.

   _____

   _____

8. Youngsters can't manage without computers and the Internet.

   _____

   _____

9. They listen to music all the time and everywhere, and many of them have iPods.

   _____

   _____

10. In the old days it was more difficult to listen to music, and tape recorders were huge machines.

    _____

    _____

11. The government wants people to pay more for their education.

    _____

    _____

12. But they already pay high taxes, so that is not a good idea.

    _____

13. Generations in Denmark don't live together, but retired people can live in their own homes and get help.

    _____

    _____

14. It is not normal to move around in Denmark as much as it is in the U.S.

    _____

    _____

(See answer key, pages 293–294.)

Lektion 13
Slut på Året

Lesson 13
The End of the Year

I begyndelsen af juli er Christine færdig med sine sidste eksaminer, og hun begynder så småt at tænke på, at hun skal forberede rejsen hjem. Hun vil gerne rejse rundt i Danmark og også se lidt af Europa, før hun flyver tilbage, men først skal der festes. Vibeke og Michael planlægger at lave en afskedsfamiliefest for Christine, og bagefter vil hun i byen med sine danske venner.

In the beginning of July, Christine has finished her last exams, and she is slowly beginning to think of preparing her trip home. She wants to travel around Denmark and see a bit of Europe as well before flying back, but first, celebrations are called for. Vibeke and Michael plan to have a farewell family party for Christine, and afterwards she is going out with her Danish friends.

Christine:
Det bliver rigtig svært at sige farvel til jer alle sammen. Jeg har været utroligt glad for at bo her. I har gjort så meget for mig, og jeg har haft det rigtig sjovt, mens jeg har lært en masse om Danmark og danskerne.

Christine:
It will be very hard to say good-bye to all of you. I have been incredibly happy to live here. You have done so much for me, and I have had such a good time while I have learned a lot about Denmark and the Danes.

Vibeke:
Vi har skam nydt at have dig her, og jeg er glad for, at vi kan samle familien, så alle kan sige farvel til dig på en god måde. Vi skal have din livret, koteletter i fad med ris og grønne bønner, og så skal vi have rødgrød med fløde til dessert.

Vibeke:
We have certainly enjoyed having you here, and I am happy we can gather the family so they all can say a proper good-bye to you. We are having your favorite dish: pork chops in a sauce with rice and beans, and then we're having red pudding with cream for dessert.

Christine:
Det lyder bare lækkert. Jeg har også tænkt mig at blive ved med at lave dansk mad, nu hvor jeg har lært forskellige retter.

Christine:
That sounds delicious. I am going to continue cooking Danish food now that I know several dishes.

Ved 18-tiden sidder hele familien samlet omkring bordet, og Christine slår på sit glas. Hun rejser sig op og siger tak til dem alle, fordi de har modtaget hende med åbne arme i deres familie, og fordi de har gjort året så godt for hende, Hun skåler med alle, før hun sætter sig ned igen.

Around 6 pm the family is sitting around the table, and Christine taps on her glass. She gets up and thanks them all for having received her with open arms into their family and for having made it such a good year for her. She toasts with everyone before sitting down again.

Vibeke:
Det var sødt af dig, Christine. Du er blevet en rigtig dansker. Vi kommer til at savne dig.

Vibeke:
That was sweet of you, Christine. You have become a real Dane. We will miss you.

Grete:
Ja, jeg håber sandelig du vil sende e-mails, så vi kan følge med i, hvad du laver fremover.

Grete:
Yes, I certainly hope you'll send emails, so we can follow what you're doing in the future.

Christine:
Det lover jeg helt bestemt. Jeg vil jo også gerne høre fra jer.

Christine:
I definitely promise that. I would also like to hear from you.

Ole:
Vi skal nok skrive tilbage, og så kan du også sende billeder til Mattias, som vi kan se på hans computer.

Ole:
We'll write back, and then you can also send pictures to Mattias, which we can see on his computer.

Mattias:
Jeg synes, vi også skal skype—det er sådan en billig måde at holde kontakten på.

Mattias:
I also think we should skype—it is such an inexpensive way to stay in touch.

Grete:
Hvad er det for noget?

Grete:
What is that?

Mattias:
Det er en telefonforbindelse gennem computeren, som er meget populær. Det var en dansker og en svensker, der startede den—og den er efterhånden lige så kendt som Lego.[1] De fleste amerikanere ved ikke, at Lego klodser er danske, og navnet er sammensat af Leg Godt.

Mattias:
It is a phone connection through the computer, which is very popular. A Dane and a Swede started it—and by now it is almost as well known as Lego. Most Americans don't know that Lego blocks are Danish, and the name is composed of Play Well.

Christine:
Nej, de fleste amerikanere kender sikkert kun Den Lille Havfrue og H.C. Andersen, men jeg kan anbefale dem at besøge Danmark, og jeg kan fortælle dem mere om landet.

Christine:
No, most Americans probably only know The Little Mermaid and Hans Christian Andersen, but I can recommend a visit to Denmark to them and I can tell them more about the country.

Pernille.
Især når du har rejst rundt og set noget mere. Skal du for øvrigt rejse alene?

Pernille:
Especially when you have traveled around and seen more. Are you traveling by yourself, incidentally?

Christine:
Nej, Christian tager med på en del af rejsen. Vi starter med at tage til Roskilde Festival[2] og blive der nogle dage. Bagefter har vi planlagt nogle steder, og resten finder vi bare ud af, mens vi rejser. Vejret er jo ret godt på det her tidspunkt, og når vi kommer sydpå, bliver det varmere.

Christine:
No, Christian is coming for part of the trip. We begin by going to Roskilde Music Festival and staying there a few days. Afterwards we have planned some places, and the rest we'll work out as we go. The weather is fairly good at this time, and when we get further south it gets warmer.

Mattias: *Ja, du kan godt regne med solskin sydpå. Det er sejt, at I skal til Roskilde Festival. Vi var der sidste år, men i år tager vi til Paris på det tidspunkt, og det er heller ikke dårligt!*	Mattias: Yes, you can count on sunshine down south. It is cool that you're going to Roskilde Festival. We went there last year, but this year we're going to Paris at that time, and that isn't bad either!
Pernille: *Nej, jeg glæder mig vildt meget til at komme lidt væk. Hvad med dig, John, hvad skal du lave?*	Pernille: No, I am so looking forward to getting away for a bit. What about you, John, what are you doing?
John: *Jeg skal faktisk også til Roskilde Festival, så det kan være, vi ses der, Christine. Og bagefter skal jeg arbejde lidt og måske i sommerhus med nogle venner.*	John: Actually, I'm also going to Roskilde, so maybe we'll meet there, Christine. And afterwards I'm going to work a bit and maybe go to a cabin with some friends.
De spiser færdigt og sidder og snakker lidt, før Christian dukker op. Så tager de alle sammen ned i byen på Römer Natklub. De kommer sent hjem, og næste dag skal Christine pakke og af sted. Christian henter hende ved 15-tiden, og så siger hun farvel.	They finish eating and talk for a bit before Christian arrives. Then they all go downtown to Römer NightClub. They get home late, and the next day Christine is packing and leaving. Christian picks her up around 3 pm, and then she says good-bye.
Christine: *Det er svært at sige farvel, så jeg vil nøjes med at sige på gensyn. Vi ses igen, og tak for alting.*	Christine: It is difficult to say good-bye, so I will simply say see you again. We'll see each other again, and thank you for everything.

Vibeke:
Det siger vi også. Pas godt på dig selv, og skriv snart.

De vinker farvel, og så er deres tid som værtsfamilie forbi. Huset føles tomt de næste par dage, indtil de vænner sig til, at Christine er rejst. Et par uger senere får de et langt brev fra Christine, som hun sendte til dem fra Paris. Der står:

Kære Vibeke og Michael,
  Først og fremmest tak for sidst[3] og for mit år hos jer. Det glemmer jeg aldrig.
  Der er sket en masse, siden jeg rejste. Først tog Christian og jeg til Roskilde Festival, og det var vildt sjovt. Der var 75.000 mennesker og en masse musik. Det regnede kun en dag, og vi hørte nogle rigtig gode bands fra hele verden. Så tog vi videre til København, hvor vi brugte et par dage på at lege turister og se seværdigheder. Vi så Den Lille Havfrue (selvfølgelig), Amalienborg, Rosenborg Slot, Kongens Have, Zoologisk Have og det nye Operahus.[4] Vi gik også rundt på Strøget i timevis og så på mennesker og butikker. Jeg kunne godt bruge flere uger i København, men vi skulle jo videre, så vi tog til Sydsjælland

Vibeke:
We say the same. Take good care of yourself and write soon.

They wave good-bye, and then their time as a host family is over. The house feels empty the next couple of days until they get used to Christine being gone. A couple of weeks later they get a long letter from Christine, which she sent from Paris. It says:

Dear Vibeke and Michael,
  First and foremost thanks for the good time during my year with you. I'll never forget that.
  A lot has happened since I left. First, Christian and I went to Roskilde Festival and it was truly fun. There were 75,000 people and lots of music. It only rained one day, and we heard some really good bands from all over the world. Then we went on to Copenhagen where we spent a couple of days playing tourists seeing the sights. We saw The Little Mermaid (naturally), Amalienborg, Rosenborg Castle, The King's Garden, The Zoo, and the new Opera. We also walked up and down Strøget for hours looking at people and shops. I could spend several weeks in Copenhagen, but we had to move on, so we went to southern Sealand and through

og igennem Vordingborg med
Gåsetårnet til Møns Klint,[5]
som var meget imponerende.
Derfra kørte vi med toget til
Fyn og stoppede i Odense
for at se H.C.Andersens Hus.
Jeg kunne godt lide den nye
udstilling, de har lavet om hans
liv og værker, og det er også en
vældig hyggelig by.
    Efter et par dage der kørte
vi videre tilbage til Jylland og
tog til Ribe for at se en af de
ældste byer i Danmark. Jeg
var vild med brostenene og
vægteren,[6] der gik rundt om
natten og sang.
    Så tog vi op langs Vestkysten
for at se havet og strandene, og
vi besøgte nogle af Christians
venner, der havde lejet et
sommerhus i nærheden af
Løkken.[7] Det var meget koldt
at pjaske i Vesterhavet, men
strandene var flotte og brede,
og vi var heldige med vejret. Til
sidst kom vi til Skagen,[8] som
bestemt er min favoritby. Jeg
synes, lyset var helt fantastisk,
og vi gik ud til Grenen[9] i
strålende solskin. Vi brugte
mange timer på Skagens
Museum,[10] og jeg er især
begejstret for Anna Anchers
billeder. Vi så også Anchers
Hus og Drachmanns Hus,[11] og
så spiste vi en masse is! Det var
billigt at bo på vandrerhjem[12]
med vores vandrerkort, og

Vordingborg with the Goose
Tower to Møn's Cliff which was
very impressive. From there
we took the train to Funen and
stopped in Odense to see Hans
Christian Andersen's House. I
liked the new exhibition they
have made about his life and
works, and it's also a really
cozy city.
    After a few days there we
went back to Jutland and went
to Ribe to see one of the oldest
towns in Denmark. I loved the
cobblestones and the night
watchman walking around
singing in the night.
    Then we went up along the
West Coast to see the ocean
and the beaches, and we visited
some of Christian's friends
who had rented a cabin near
Løkken. Splashing around in
the North Sea was very cold,
but the beaches were grand and
broad, and we were lucky with
the weather. Finally, we reached
Skagen which is definitely my
favorite town. I think the light
was totally spectacular, and we
walked out to Grenen in bright
sunshine. We spent many hours
at Skagen's Museum, and I
particularly love Anna Ancher's
paintings. We also saw Ancher's
House and Drachman's House,
and then we ate a lot of ice
cream. Living in hostels with
our membership card was

vi lavede selv mad det meste af tiden. Hotellerne var alt for dyre til vores budget, og det var især ret dyrt at være i København. Vi har slet ikke haft brug for en bil, for det er alligevel for dyrt med benzin, så det var fint at køre med toget.	inexpensive, and we cooked our own food most of the time. The hotels were much too expensive for our budget, and Copenhagen was especially expensive. We haven't needed a car at all, since gas is too expensive anyway, so it was great to ride the train.
Efter Skagen tog vi direkte til Paris, og nu vil vi så rejse lidt mere rundt i Europa, før jeg tager hjem om to uger.	After Skagen we went directly to Paris, and now we're going to travel a bit more around in Europe before I go back in two weeks.
Hav det rigtig godt og pas på jer selv, og endnu en gang tak.	Have fun, and take care of yourselves. Thanks again.
P.S. Hils John, Pernille og Mattias mange gange og sig også tak til dem.	P.S. Say hi to John, Pernille, and Mattias and thank them as well.
Kærlig hilsen,[13] *Christine*	Love, Christine

Fodnoter / Footnotes

1. *Lego* is the world famous building blocks that originated in Billund, Denmark. To learn more about the company, the parks, and the various products, visit: www.lego.com.

2. Roskilde Festival is a huge music festival every year in the beginning of July at Roskilde. Many different music genres, bands and performers are included in this major event. To learn more, visit: www.roskilde-festival.dk.

3. *Tak for sidst* is said the first time one meets persons with whom one has spent an enjoyable evening or time. It means "thank you for a nice time on the last occasion we met." It is very commonly used, and most people will find it strange or rude if it is not said.

4. *Amalienborg* is the Queen's Palace in Copenhagen. To learn more, visit: kongehuset.dk/artikel.php?dogtag=k_en_pal_ama. *Rosenborg Slot* is a castle in the middle of Copenhagen, built by Christian IV in 1634. To learn more, visit: www.rosenborgslot.dk.

Kongens Have is a park adjacent to Rosenborg Slot. To learn more, visit: www.wcities.com/en/record/,69339/99/record.html.
Zoologisk Have is the zoo in Copenhagen. To learn more, visit: www.zoo. dk/cms/showpage.asp?nodeid=zoo.
The New Opera was recently built and donated to the country by Mærsk McKinney Møller. To learn more, visit: www.operahus.dk.

5. *Gåsetårnet* is a tower in Vordingborg belonging to the ruins of a castle built by Valdemar Atterdag in the mid 1360's, topped by a guilt goose. To learn more, visit: www.aabne-samlinger.dk/sydsjaellands/taarn.htm.
Møns Klint is the steep cliffs on the east side of southern Sealand. To learn more, visit: www.moen-touristbureau.dk/monsklint.html.

6. *Vægteren* (the night watchman) in Ribe is a famous institution. A person dressed up like an old watchman wanders the streets at night carrying a lit lantern. Every hour he sings a verse of the old watchman song, telling time to or warning the inhabitants. To learn more, visit: www.ribetourist. dk/page2679.asp.

7. *Løkken* is a town on the northern west coast of Jutland. It has beautiful beaches and is a very popular recreational resort with numerous summer cabins. To learn more, visit: www.loekken.dk.

8. *Skagen* is the town on the northernmost tip of Jutland where two oceans meet. To learn more, visit: www.toppenafdanmark.dk/gb/SkagenAalbaek. aspx.

9. *Grenen* is the sand bar which reaches into the two oceans at the tip of Jutland. Tourists usually roll up their pants and step into the oceans feeling the pull from two sides. It is possible to ride a bus to *Grenen*. To learn more, visit: www.toppenafdanmark.dk/dk/AlleOmraader/Attraktion 100058.aspx?fritekst=grenen.

10. *Skagens Museum* is a beautiful art museum comprising many works of the artists living at *Skagen* around the turn of the century. To learn more, visit: www.skagensmuseum.dk/dk/udstilling/tidligere/rejsen.

11. *Ancher's Hus* is a museum where the two painters Michael and Anna Ancher lived. To learn more, visit: www.anchershus.dk.
Drachmanns Hus is the museum where the writer, poet, and painter Holger Drachmann lived. To learn more, visit: www.skagenguide.dk/ museum/drachm.htm.

12. *Vandrerhjem* are youth hostels. There is an extensive network of inexpensive and very comfortable youth hostels all over Scandinavia, and they are used by a great variety of people. To learn more, visit: www.danhostel. dk/VisNyhed.asp?lan=uk&ID=50.

13. *Kære (*dear) is the common way to begin a letter. *Kærlig hilsen* (love) is the affectionate way to end it. A more formal ending would be *venlig hilsen* (sincerely), or just *hilsen* (regards).

ORDLISTE / VOCABULARY

af sted	off, leave
afsked, n	farewell
anbefale, at	recommend
arm, n	arm
begejstret for	enthusiastic about
benzin, n	gas
brosten, n	cobblestone
budget, t	budget
bønne, n	bean
direkte	directly
efterhånden	gradually, by now
fantastisk	spectacular
for øvrigt	incidentally
forbi	over
forbindelse, n	connection
fremover	in the future
følge med i, at	follow along
først og fremmest	first and foremost
glemme, at	forget
hav, t	ocean
hilse, at	greet
holde kontakt, at	stay in touch

i timevis	for hours
imponerende	impressive
is, n	ice cream
klint, n	cliff
klods, n	building block
komme væk, at	get away
kyst, n	coast
langs	along
livret, n	favorite dish
måde, n	way
nøjes med, at	make do with
pakke, at	pack
passe på, at	take care of
pjaske, at	splash
populær	popular
på gensyn	see you again
ret	tolerably, fairly
sandelig	certainly
savne, at	miss
slå på, at	tap
solskin, t	sunshine
strand, n	beach
strålende	radiant, shining
svensker, n	Swede
svær; nem	difficult; easy
sydpå	down south
tidspunkt, t	period of time
tog, t	train
tom; fuld	empty; full
utrolig	incredible
vandrerhjem, t	youth hostel
vandrerkort, t	membership card for hostels

vinke, at	wave
vægter, n	night watchman
vænne sig til, at	get used to
værk, t	work
værtsfamilie, n	host family

UDTRYK / EXPRESSIONS

I har modtaget mig med åbne arme.	You have received me with open arms.
Det var sødt af dig.	That was sweet of you.
Vi vil savne dig.	We will miss you.
Vi vil holde kontakt med dig.	We will stay in touch.
Det er ikke dårligt!	That isn't so bad!
På gensyn.	See you again.
Hav det rigtig godt.	Stay well.
Pas på jer selv.	Take care.

ØVELSER / EXERCISES

1. **Lav om til passiv form.**
   Change to the passive mode. (See pages 169–170.)

   1. Han planlægger nøje festen. _____
   2. De pakker kufferten om morgenen. _____
      _____
   3. Hun holder talen for dem. _____
   4. Vi lukker døren. _____
   5. Hunden spiser maden. _____
   6. Jeg drikker vinen. _____

7. Han laver rødgrøden. _____

8. Hun forbereder rejsen. _____

2. *Indsæt den rigtige præposition.*
   Insert the correct preposition. (See pages 130–133.)

1. Vi fejrer fødselsdag _____ morgen.
2. Du skal spille fodbold _____ torsdag.
3. Jeg leger med mine børn _____ eftermiddagen.
4. Vi tager til Roskilde Festival _____ sommer.
5. Vi spiser aftensmad _____ aftenen.
6. Mine venner har et sommerhus _____ Vestkysten.
7. _____ morges var det solskin.
8. Jeg kommer til festen _____ 19-tiden.
9. _____ aftenen er det koldt.
10. Jeg stod på ski _____ vinter.
11. Vi sætter os ned _____ bordet.
12. Gaven ligger _____ juletræet.
13. Maden står færdig _____ bordet.
14. Hun sover altid _____ sin seng.

3. *Forbind sætningerne med en konjunktion (og, eller, men, for, så).*
   Connect the sentences with a conjunction. (See pages 128–130.)

1. Vi går en tur. Det er dejligt vejr.
2. Jeg kan godt lide morgenmad. Jeg kan ikke lide frokost.
3. De kommer kl. 18. De skal til en fest.
4. Spiller du obo? Spiller du guitar?
5. Jeg elsker Vesterhavet. Jeg elsker også Skagen.
6. Hun kommer ikke i byen. Det regner.
7. Jeg mangler noget te. Jeg går på indkøb.
8. Der kom mange mennesker. De blev glade.

4. *Sæt verbet i imperativ.*
Change the verb form to imperative. (See pages 171–172.)

1. Du skal lukke døren. _____
2. Du må ikke spise her. _____
3. Du skal vågne op. _____
4. De må ikke sove nu. _____
5. De må ikke gøre det igen. _____

5. *Oversæt til dansk.*
Translate into Danish.

1. It is sad to say good-bye when the year is over.

   _____

2. But it is nice to have a party to celebrate the final exams.

   _____

3. When the whole family is gathered, they usually have fun and eat together.

   _____

   _____

4. They talk a lot and make a delicious dinner, and then they go for a walk afterwards.

   _____

   _____

5. In the morning they like to be outside if the sun is shining, and inside if it is raining.

   _____

   _____

6. When you travel, it is nice to plan your trip, but it is also nice to figure it out as you go.

   _____

   _____

7. The northern part of Jutland where the two oceans meet is very pretty.

    _____

    _____

8. The light is spectacular, and many artists lived there one hundred years ago.

    _____

    _____

9. Music festivals are a lot of fun, and you can listen to different bands playing great music.

    _____

    _____

10. She told him to take the train to Copenhagen and to spend a day seeing the sights.

    _____

    _____

11. He would have liked to spend two weeks sightseeing because there are many beautiful, old castles.

    _____

    _____

12. On the other hand, they also wanted to get a move on, so they could see more cities.

    _____

    _____

13. Finally, they went to Paris to spend a few weeks there before flying home.

    _____

    _____

14. It had been a very good year for Christine since everyone had received her with open arms.

    _____

    _____

(See answer key, pages 294–295.)

Key to Exercises

Lesson 1 (pages 39–41)

Exercise 1

1) hedder; 2) kommer; 3) taler; 4) taler; 5) bor; 6) kører;
7) Kommer; 8) møder; 9) tager; 10) Går; 11) Er; 12) er;
13) sover

Exercise 2

1) Hun kommer til Danmark. 2) Kommer hun i august?
3) Er vi glade for at møde dig? 4) Du er træt. 5) Der er en
kuffert mere. 6) Kommer den der? 7) Taler han dansk?
8) De bor i Århus. 9) De kører hjem. 10) Er det fint?

Exercise 3

1) I kommer og bor hos mig. 2) Vi kommer og bor hos dig.
3) De kommer og bor hos ham. 4) Den kommer og bor hos
hende. 5) Han kommer og bor hos os. 6) Jeg kommer og bor
hos jer. 7) Du kommer og bor hos dem. 8) Hun kommer og bor
hos den.

Exercise 4

1) Hun kommer og bor hos os. 2) Jeg er glad nu / Nu er jeg
glad. 3) Efter rejsen er du i Århus.

Exercise 5

1) Hun læser på universitetet. 2) Hun kommer fra U.S.A.
3) Jeg hedder Christine. 4) Hun hedder Vibeke. 5) De er glade
for at møde hende. 6) Du taler kun lidt dansk. 7) Michael
henter Christine ved bussen. 8) Hun bor hos os i lang tid.
9) Jeg er træt. Er du træt? 10) Hun sover efter rejsen. 11) Der
er den /den er dér. 12) Hun går nu. 13) Har vi bagagen?
14) Tager du kufferten?

Lesson 2 (pages 54–57)

Exercise 1

Et gardin; et barn; en væg; en mursten; et kontor; et køkken;
en lejlighed; et tag; et badeværelse; et billede; et træhus; en
søn; en kæreste; en have; en by; et værelse; en seng; en plads;
en morgen; et brusebad; en kop te; et skrivebord.

Exercise 2

1) Her er huset med haven. 2) Her er huset med taget.
3) Det er køkkenet med bordet. 4) Brusebadet er i badeværelset.
5) Sengen er i kontoret. 6) Barnet har værelset.

Exercise 3

Det store hus; den gamle seng; det lille værelse; det søde
barn; den røde væg; det sorte tag; den store have; det flotte
skrivebord; det nye badeværelse; det pæne køkken; det gule
kontor; det stribede gardin; den søde kæreste; den dejlige kop
te; den gode morgen.

Exercise 4

Christine har det pæne værelse. Det er Christines pæne
værelse. Det pæne værelse er Christines.
Mattias har den søde kæreste. Det er Mattias' søde kæreste. Den
søde kæreste er Mattias'.
Pernille har den lille lejlighed. Det er Pernilles lille lejlighed.
Den lille lejlighed er Pernilles.
Pernille har det nye køkken. Det er Pernilles nye køkken. Det
nye køkken er Pernilles.
Michael har det gamle hus. Det er Michaels gamle hus. Det
gamle hus er Michaels.

Exercise 5

1) gammelt; 2) dejlig; 3) lille; 4) stribet; 5) søde; 6) rødt; 7) lille;
8) flot; 9) sort; 10) stor

Exercise 6

1) Christine er meget træt. 2) Hun kan lide sit værelse.
3) Hun kan lide de pæne gardiner. 4) Hun glæder sig til at lære
Århus at kende. 5) Huset har et sort tag. 6) Træhuset er rødt.
7) Familien bor i nærheden af den store by. 8) De har en pæn,
stor have. 9) Kan du vise mig mit værelse? 10) Hun bor i en
lille lejlighed. 11) Læser han til ingeniør? 12) Sig goddag / hej
til min søn og hans søde kæreste. 13) Først vil hun vise hende
hendes værelse. 14) Hendes søn og hans kæreste er glade.

Lesson 3 (pages 74–77)

Exercise 1

1) tirsdag. 2) onsdag. 3) lørdag. 4) torsdag. 5) søndag. 6)
mandag. 7) fredag.

Exercise 2

Klokken er: 1) kvart over ti / et kvarter over ti. 2) syv minutter over otte. 3) treogtyve minutter over tre / femten treogtyve. 4) halv to / tretten tredive. 5) tolv minutter over syv. 6) kvart i ti / et kvarter i ti / ni femogfyrre. 7) ti minutter over seks / atten ti. 8) ti minutter i otte / nitten halvtreds. 9) fem minutter i tolv / treogtyve femoghalvtreds. 10) atten minutter over elleve.

Exercise 3

1) lille; lille. 2) spændende; spændende. 3) flotte; flotte. 4) smukke; smukke. 5) moderne; moderne. 6) blå; blå. 7) søde; søde. 8) hvide; hvide. 9) stribet; stribede. 10) stribet; stribede. 11) lukket; lukkede. 12) lukket; lukkede. 13) snavset; snavsede. 14) doven; dovne. 15) gammelt; gamle. 16) sikkert; sikre

Exercise 4

1) vil. 2) kan. 3) må. 4) tør. 5) skal. 6) bør. 7) skal. 8) kan

Exercise 5

1) Hun spiser den gode bolle/det gode rundstykke. 2) Vi læser mange gode bøger om sommeren. 3) De synes, det er rigtig koldt om vinteren. 4) Den bedste have er hendes, ikke hans. 5) Hun spiser den største karbonade (af dem alle). 6) Deres yngste søn har en blå cykel. 7) Varm hjemmelavet mad er god at spise. 8) Han kan lide at rydde op i huset og lave mad til sin kone. 9) Jeg kan bedre lide dansk end engelsk. 10) De glæder sig til en hvid jul med en masse sne. 11) Den bedste frokost er grøn

salat, rundstykker/rugbrød og te. 12) Du skal vaske dig og
børste dine tænder, før du går på arbejde. 13) Du kan køre på
din nye, røde cykel kl. 17 i byen. 14) Det er rart at få motion og
så spise en lækker middag.

Lesson 4 (pages 93–95)

Exercise 1

1) ældre. 2) yngre. 3) større. 4) mindre. 5) flere. 6) mere.
7) bedre. 8) dårligere.

Exercise 2

1) ældste. 2) yngste. 3) største. 4) mindste. 5) fleste. 6) mest.
7) bedste. 8) dårligste.

Exercise 3

ældste; yngste; ældre; flotteste; smukkeste; smukkere; flere;
mere; bedste; bedre; større; hurtigere.

Exercise 4

1) mig. 2) sig. 3) sig. 4) sig. 5) jer. 6) os. 7) dig.

Exercise 5

1) Jeg vil gerne holde mig i form. 2) Hun kan lide at løbe om
morgenen. 3) Han kan lide at cykle på / til arbejde. 4) Vi har
været medlemmer i lang tid. 5) Jeg har spillet badminton i en
klub i mange år. 6) Mine bedste venner spiller fodbold.

7) Tennis er den ældste sport i Danmark. 8) Den yngste sport er karate. 9) De kan lide en sund drik efter at have trænet.
10) Hvis man/du/I arbejder meget, har man/du/I ikke meget fritid.
11) Amerikansk fodbold er ikke så svært / hårdt som badminton.
12) Det er sjovt at vinde et mesterskab i sin/jeres sport.
13) Vi tror, vi gerne vil være medlemmer af klubben. 14) Hun synes, at det er rigtig godt at træne med sine venner.

Lesson 5 (pages 111–115)

Exercise 1

1) februar. 2) maj. 3) januar. 4) oktober. 5) december / januar / februar. 6) juni / juli / august. 7) marts / april / maj.
8) september / oktober / november.

Exercise 2

1) Køber Vibeke ind i et supermarked? 2) Laver Christine mad til familien? 3) Dækker Michael bord med servietter? 4) Spiser Mattias rødgrød? 5) Nyder Pernille Christines mad? 6) Hygger familien sig ved bordet og drikker vin?

Exercise 3

Examples: 1) Hvad hedder du? 2) Hvem spiser din mad?
3) Hvornår kommer du hjem? 4) Hvorfor sover du? 5) Hvordan kommer jeg på universitetet? 6) Hvor bor dine venner? 7) Hvis bog er det? 8) Hvor mange børn har du? 9) Hvor meget mælk vil du have i din te?

Exercise 4

1) Ja, det skal jeg. 2) Ja, det vil jeg. 3) Ja, det gør hun. 4) Ja, det gør de. 5) Ja, det kan hun. 6) Ja, det må hun. 7) Ja, det gør han. 8) Ja, det gør hun.

Exercise 5

1) Nej, det skal jeg ikke. 2) Nej, det vil jeg ikke. 3) Nej, det gør hun ikke. 4) Nej, det gør de ikke. 5) Nej, det kan hun ikke. 6) Nej, det må hun ikke. 7) Nej, det gør han ikke. 8) Nej, det gør hun ikke.

Exercise 6

1) Når det er sommer, cykler hun på arbejde. 2) Når det er aften, spiser vi aftensmad 3) Når jeg er glad, læser jeg en bog. 4) Når de spiser, vil de gerne snakke sammen. 5) Fordi hun er træt, kan hun godt sove. 6) Fordi det er lørdag, må I drikke vin til maden.

Exercise 7

indef. sing.	indef. plural	def. plural	indef. sing.	indef. plural	def. plural
en have	haver	haverne	et bær	bær	bærrene
et billede	billeder	billederne	et glas	glas	glassene
en ske	skeer	skeerne	en sko	sko	skoene
et gardin	gardiner	gardinerne	en bog	bøger	bøgerne
et hus	huse	husene	en mor	mødre	mødrene
en dansker	danskere	danskerne	en far	fædre	fædrene

Exercise 8

1) Jeg vil gerne lære at lave mad. 2) Først skal vi købe ind i et supermarked. 3) Hvor meget mad skal jeg købe? 4) Hvordan laver jeg flødesovs? 5) Hun skal skrælle kartoflerne og koge dem i gryden. 6) Så skal hun stege koteletterne på stegepanden. 7) Maden er lækker, og de snakker alle sammen med hinanden. 8) Da Pernille går, ligger hendes hat på bordet. 9) Når de er trætte, går de i seng. 10) Det er rart at have andre mennesker til at lave mad / aftensmad. 11) Christine synes godt, de kan drikke vin en almindelig onsdag. 12) I december er det vinter, og det er koldt. 13) I august er det sommer, og det er varmt. 14) Et år har tolv måneder, og dagene går hurtigt.

Lesson 6 (pages 135–139)

Exercise 1

1) Hun spiser ikke aftensmad kl. 18. 2) De laver ikke mad sammen. 3) Vi sover ikke til kl. 12. 4) Der er ikke en god film i fjernsynet. 5) Hun drikker ikke en øl i baren. 6) De snakker ikke sammen hele natten.

Exercise 2

1) Vi ser, at han ikke sidder i hjørnet. 2) Han siger, at han ikke henter øl. 3) De siger, at de ikke går nu. 4) Vi drikker te, fordi det ikke er varmt. 5) Vi tror ikke, de læser mange bøger. 6) De synes ikke, at det er en god film. 7) De tænker ikke, at festen bliver sjov.

Exercise 3

1) mere. 2) mindre. 3) hellere/helst. 4) længere. 5) oftere/oftest.

Exercise 4

1) op. 2) inde. 3) ude. 4) hen. 5) ovre. 6) nede. 7) hjem.
8) omme. 9) fremme. 10) bort.

Exercise 5

1) i, for. 2) til, til. 3) til / fra, fra / til. 4) på, i. 5) til, Hos. 6) hos,
med / om. 7) på, i, om / i. 8) i, med, til.

Exercise 6

1) Vi arbejder meget hårdt og læser til langt ud på natten. De
synes, det ville være rart at gå ud. 3) Hun kan lide at se film i
biografen. 4) Først vil hun tage sin frakke, og så er hun klar.
5) De er enige om, at filmen er sjov og spændende. 6) På vej
hjem vil de have en øl i en bar. 7) En ven sidder i hjørnet og
taler til dem. 8) Han vil gerne sidde sammen med dem, og han
henter øl. 9) De har det alle sjovt og bliver sent ude. 10) De vil
også gerne mødes igen og have det sjovt sammen. 11) De har
ikke fået for meget at drikke, så de kan køre hjem. 12) Men de
har ikke en bil, så de tager bussen. 13) Hun slapper af nu / er
afslappet nu, for hun kan lide at snakke med venner. 14) De
lytter alle til musikken fra stereoanlægget og computeren.

Lesson 7 (pages 158–161)

Exercise 1

1) Jeg spiser ikke morgenmad, når jeg ikke står op. 2) Jeg
spiser ikke morgenmad, når jeg ikke er stået op. 3) Hun spiser
ikke altid morgenmad, når hun ikke altid står op. 4) Hun spiser
ikke altid morgenmad, når hun ikke altid er stået op. 5) Han

spiser aldrig morgenmad, når han aldrig står op. 6) Han spiser aldrig morgenmad, når han aldrig er stået op. 7) Læste vi ikke en god bog, mens vi ikke sad ned i bussen? 8) Læste de ikke altid en god bog, når de ikke altid sad ned i bussen? 9) Læste I aldrig en god bog, mens I aldrig sad ned i bussen?

Exercise 2

1) spiste. 2) læste. 3) gik. 4) sov. 5) begyndte. 6) passede. 7) sad. 8) kom. 9) fandt. 10) drak.

Exercise 3

1) har spist. 2) har læst. 3) har gået / er gået. 4) har sovet. 5) er begyndt. 6) har passet. 7) har siddet. 8) er kommet. 9) har fundet. 10) har drukket.

Exercise 4

1) havde ikke spist. 2) havde ikke læst. 3) havde ikke gået / var ikke gået. 4) havde ikke sovet. 5) var ikke begyndt. 6) havde ikke passet. 7) havde ikke siddet. 8) var ikke kommet. 9) havde ikke fundet. 10) havde ikke drukket.

Exercise 5

1) nogen. 2) noget. 3) nogle. 4) nogle. 5) noget. 6) nogen.

Exercise 6

1) Vi kan ikke finde en parkeringsplads i byen. 2) Om morgenen er det håbløst at køre ind i byen. 3) Jeg har virkelig brug for noget nyt tøj til vinter. 4) Min frakke / jakke er god og varm, men jeg vil gerne have en kort frakke. 5) De røde farver klæder

dig godt. 6) Hvilken slags bluser har du brug for? 7) Jeg vil gerne have nogle højhælede støvler til mine nye bukser. 8) Vejret er rædselsfuldt i november, fordi det regner og er koldt. 9) Skidt med det. Når vi er inden døre, kan vi have det sjovt. 10) Jeg kan godt lide at købe tøj med mine venner. 11) Da de blev trætte, satte de sig ned og fik en kop kaffe. 12) Efter de havde kigget / ledt i en halv time, fandt de en skobutik. 13) Da hun havde fundet sine nye støvler, var hun meget glad. 14) De var godt trætte, da de kom hjem om eftermiddagen efter deres indkøbstur.

Lesson 8 (pages 176–179)

Exercise 1

1) Bogen læses / bogen bliver læst af hende. 2) Maden spises / maden bliver spist af dem. 3) En sang synges / en sang bliver sunget af os. 4) Barnet kysses / barnet bliver kysset af ham. 5) En øl blev drukket af dem. 6) Hatten glemtes / hatten blev glemt af mig. 7) Vennerne blev takket af dig. 8) Taxaen blev fundet af jer.

Exercise 2

1) spis. 2) læs. 3) gør. 4) sov. 5) vent. 6) drik. 7) gå. 8) tag. 9) glem. 10) sæt.

Exercise 3

1) Hun vil/skal spise osten. 2) De vil komme for sent til diskoteket. 3) Vi vil længes efter vores venner. 4) Du vil/skal sove hele eftermiddagen. 5) Han vil sætte dem af og betale for taxaen. 6) Jeg vil smage på maden, der bliver god.

Exercise 4

1) der/som. 2) der/som. 3) der/som. 4) (som). 5) der/som.
6) (som).

Exercise 5

1)Vil du invitere mig til julefrokost i morgen? 2) Du skal spise
en masse ost, hvis du er sulten. 3) Bare sæt dig (ned) på stolen i
hjørnet og vent på mig. 4) Giv mig bare nogle penge til taxaen.
5) Den kvinde, (som) jeg mødte, er min mor. 6) Det barn, som
spiser æblet, er sødt. 7) Jeg kan lide den mand, der/som danser
med mig på diskoteket. 8) Hun giver sin frakke til den mand,
der/som følger hende hjem. 9) Jeg vil møde dig om to dage, hvis
du gerne vil (mødes). 10) Vi kan tage til frokost i min vens hus
og have det sjovt. 11) Jeg kan ikke lide at glemme min hat, når
det er koldt. 12) Hun ved ikke, hvordan hun skal finde vej til en
restaurant, der/som ikke er ret dyr / der/som er billig.
13) Mange mennesker kan lide at spise på pizzeriaer, fordi
maden er okay. 14) Hun vil gerne prøve ti forskellige ting, men
hun kan ikke spise mere nu.

Lesson 9 (pages 199–201)

Exercise 1

1) Den otteogtyvende juni. 2) Den tiende august. 3) Den anden
januar. 4) Den syvende december. 5) Den sekstende november.
6) Den fjortende marts. 7) Den femte september. 8) Den
tredvte / tredivte april. 9) Den syvogtyvende februar. 10) Den
fireogtyvende maj. 11) Den tyvende juli. 12) Den første oktober.

Exercise 2

1) to hundrede femoghalvfjerds kroner og femogfyrre øre.
2) fem hundrede otteogtres kroner og syvogtyve øre. 3) tre
hundrede nioghalvfjerds kroner og halvtreds øre / tre hundrede
nioghalvfjerds en halv. 4) otte hundrede syvogfyrre kroner
og femogtyve øre. 5) et hundrede fireoghalvfems kroner
og ti øre. 6) to tusinde fire hundrede seksogtredve kroner
og otteoghalvfems øre. 7) syvogtyve tusinde seks hundrede
nioghalvtreds kroner og atten øre.

Exercise 3

1) Jeg havde det rigtig dårligt i morges. 2) Jeg gik ud i køkkenet og
tog min temperatur, og jeg havde feber. 3) Så gik jeg i seng igen og
sov til middag. 4) Men jeg havde det stadig rigtig dårligt, så jeg
ringede til lægen og fik en tid. 5) Lægen var meget rar / flink og
gav mig nogle piller og ønskede mig god bedring. 6) Han sagde
også, at jeg skulle drikke en masse og få en masse søvn. 7) Jeg er
glad for, at det ikke var tandpine, for jeg kan ikke lide at gå til
tandlæge/tandlægen. 8) Jeg vil være helt rask før jul, så jeg kan
fejre den. 9) Alle mine venner kommer hjem, og de vil alle
sammen i byen og have det sjovt. 10) Vi skal/vil spise en masse god
mad og julegodter. 11) Jeg har ikke været syg siden sidste år, da
jeg læste rigtig meget til mine eksaminer, og jeg var meget træt.
12) Hun vil ikke tage nogen piller. I stedet for vil hun sove og spise
slik. 13) Han har brug for at slappe af efter at have arbejdet hårdt,
så han har det bare godt / så han hygger sig bare. 14) Hun ville
ikke være alene. I stedet for ville hun gerne være sammen med sin
familie til jul.

Lesson 10 (pages 218–221)

Exercise 1

1) Det var en familieaften, hvor man samlede mange familiemedlemmer. 2) Forældrene fejrede jul med Vibeke og kørte fra den anden ende af byen. 3) Ole sagde goddag til alle og lagde gaverne under træet. 4) Det blev sjovt at fejre jul her, og måske fik vi sne. 5) Pernille kunne lide at løbe på ski, men vi tog alligevel på ferie i et sommerhus. 6) Jeg hjalp med at dække bord, og så spiste vi.

Exercise 2

1) Er det en familieaften, hvor man samler mange familiemedlemmer? 2) Fejrer forældrene jul med Vibeke og kører fra den anden ende af byen? 3) Siger Ole goddag til alle og lægger gaverne under træet? 4) Bliver det sjovt at fejre jul her, og får vi måske sne? 5) Kan Pernille lide at løbe på ski, men tager vi på ferie i et sommerhus? 6) Hjælper jeg med at dække bord, og spiser vi så?

Exercise 3

1) Grete får silkebluser, bøger, håndlotioner og nogle flasker vin. 2) Ole får CD'er, bøger, handsker, sweatere og nogle flasker snaps. 3) Vibeke serverer ænder, gæs, kartofler, fade med æbler og svesker og rødkål. 4) Som desserter er der risengrød, risalamande, kirsebærsovse, mandelgaver og kager. 5) På bordene står tallerkner, glas, knive, gafler og skeer. 6) Michael laver te og kaffe med fløde og sukker og chokolader.

Exercise 4

1) Julen er en dejlig / rar tid med mange familie-traditioner.
2) Bedsteforældre kan lide at fejre jul med deres børn og
børnebørn. 3) Nogle mennesker kører i lang tid for at komme
til deres familie og fejre jul. 4) Mange mennesker kan lide at gå
i kirke juleaften, og prædikenen er meget kort. 5) Nogle børn
synes, at julemiddagen varer for længe, for de vil gerne have
deres gaver hurtigt. 6) Nogle børn kan ikke vente, til måltidet
er forbi, så de kan åbne gaver. 7) Mange danskere danser rundt
om træet juleaften, mens de synger sange og holder hinanden i
hånden. 8) Nogle gange sner det ved juletid, men man kan ikke
stå på ski ret tit. 9) Hvis man vil stå på ski, må man rejse til
et andet land om vinteren. 10) Efter at have åbnet gaver / Når
man har åbnet gaver, kan mange mennesker lide at få te eller
kaffe. 11) De kan også lide at spise julegodter og nødder, dadler,
figner og clementiner. 12) Det er en tradition, at Julemanden
bringer gaver juleaften, og man går i seng omkring midnat.
13) Den næste dag er Juledag, og alle sover længe og slapper
af. 14) Vinteren kan være rar, hvis man tænder juletræet og har
det hyggeligt med sin familie.

Lesson 11 (pages 238–241)

Exercise 1

1) koldt. 2) varm. 3) høj. 4) godt. 5) åbne. 6) lukkede. 7) store.
8) lille. 9) små. 10) gamle. 11) større. 12) mindre. 13) ældste.
14) yngre. 15) sødeste. 16) sødere. 17) dygtigere. 18) flottere.
19) mest. 20) flest.

Exercise 2

1) Der kommer en pige gående, som / der er vældig sød.
2) Juleaften spiser vi and, som / der smager godt.
3) Musikhuset, som / der ligger midt i Århus, er meget stort.
4) Rådhuset, som / der har en klokke, er gammelt. 5) Den
Gamle By, som / der blev grundlagt i 1914, har mange huse.
6) Hovedbiblioteket, som / der ligger i Møllegade, har tonsvis af
bøger. 7) Sandwichbaren, som / der ligger i Møllegade, sælger
god mad. 8) Huset, som han lige har købt, er rødt.
9) Vi aftaler at gå i biografen, som / der ligger langt væk.
10) Vi tager bussen, som / der er en gul nummer 7, på / til
arbejde.

Exercise 3

1) Det bliver snart forår, og det bliver varmere. 2) De bliver enige
om / de aftaler at bruge en dag til at se på seværdigheder. 3) Det er
en god ide at tage en hat og handsker med, fordi vejret er
upålideligt / ikke er pålideligt. 4) De plejer at tage bussen, fordi det
er nemmere end at køre bil. 5) Da/Når de møder deres venner,
siger de hej og går indenfor. 6) De nyder den fantastiske moderne
kunst i udstillingerne, men de kan også lide ældre kunst. 7) Da/
Når de bliver sultne, finder de et sted, hvor de kan spise en
sandwich og drikke noget vand. 8) Frilandsmuseet er meget
spændende, for det er sjovt at se, hvordan mennesker boede i
gamle dage. 9) Mange kvinder klæder sig ud og fortæller, hvordan
det var at leve i 1850. 10) De frøs om vinteren, for det var ikke
nemt at holde varmen i de gamle huse. 11) Da/Når de har drukket
en kop kaffe, får de lidt mere energi til at fortsætte. 12)
Domkirken er en smuk gammel kirke, og den ligger ved siden af
en skole. 13) Busstoppestedet er også ved siden af skolen, som /
der er mere end 800 år gammel. 14) De er glade for at tage hjem
igen efter at have leget turister en hel dag.

Lesson 12 (pages 256–259)

Exercise 1

1) ude. 2) ind. 3) op. 4) nede. 5) henne. 6) ovre. 7) oppe. 8) hen.
9) inde. 10) ud.

Exercise 2

1) deres. 2) sine. 3) vores. 4) sin. 5) min. 6) deres. 7) sin. 8) sin.
9) hendes. 10) hans.

Exercise 3

1) Den enogtyvende marts. 2) Den niende november. 3) Den
fjortende september. 4) Den ottende marts. 5) Den enogtredivte
januar.

Exercise 4

1) Sytten plus seksoghalvtreds er. 2) Treogfirs minus seksogtyve
er. 3) Niogtredve gange seks er. 4) Et hundrede femogtyve
gange fjorten er. 5) Et hundrede nitten delt med sytten er.
6) Tre hundrede treogtres delt med elleve er.

Exercise 5

1) Når man har fødselsdag, er det rart at blive fejret. 2) Flagene
var i indkørslen og over hele huset. 3) Der var også flag på
servietterne, og der var lys i kagen. 4) Om aftenen ser de
nyheder i fjernsynet, og vejrudsigten er ofte ikke rigtig. 5) Han
læser også avis hver dag og kan lide at vide, hvad der sker i
verden. 6) Mange ting er deprimerende i dag, og vi ved mere
om dem. 7) En vejrstation er vældig god til at sige, hvordan

vejret vil blive / bliver. 8) Unge kan ikke undvære computere og internettet. 9) De hører musik hele tiden og overalt, og mange af dem har iPods. 10) I gamle dage var det mere besværligt at lytte til musik, og båndoptagerne var nogle kæmpestore maskiner. 11) Regeringen vil have folk til at betale mere for deres uddannelse. 12) Men de betaler allerede en høj skat, så det er ikke en god ide. 13) Generationerne i Danmark bor ikke sammen, men pensionister kan bo i deres egne hjem og få hjælp. 14) Det er ikke normalt at flytte så meget rundt i Danmark som i USA.

Lesson 13 (pages 272–275)

Exercise 1

1) Festen bliver nøje planlagt af ham / planlægges nøje af ham. 2) Kufferten bliver pakket om morgenen af dem / pakkes af dem om morgenen. 3) Talen bliver holdt for dem af hende / holdes for dem af hende. 4) Døren bliver lukket af os / lukkes af os. 5) Maden bliver spist af hunden / spises af hunden. 6) Vinen bliver drukket af mig / drikkes af mig. 7) Rødgrøden bliver lavet af ham / laves af ham. 8) Rejsen bliver forberedt af hende / forberedes af hende.

Exercise 2

1) i. 2) på. 3) om. 4) til. 5) om. 6) ved. 7) I. 8) ved. 9) Om. 10) i. 11) ved. 12) under. 13) på. 14) i.

Exercise 3

1) Vi går en tur, (og) / for det er dejligt vejr. 2) Jeg kan godt lide at spise morgenmad, men jeg kan ikke lide frokost.

3) De kommer kl. 18, for de skal til en fest. 4) Spiller du obo, eller spiller du guitar? 5) Jeg elsker Vesterhavet, og/men jeg elsker også Skagen. 6) Hun kommer ikke i byen, for det regner. 7) Jeg mangler noget te, så jeg går på indkøb. 8) Der kom mange mennesker, så / (og) de blev glade.

Exercise 4

1) Luk døren. 2) Spis ikke her. 3) Vågn op. 4) Sov ikke nu. 5) Gør det ikke igen.

Exercise 5

1) Det er trist at sige farvel, når året er forbi. 2) Men det er rart at holde en fest for at fejre de sidste eksaminer. 3) Når hele familien er samlet, plejer de at have det sjovt og spise sammen. 4) De snakker en masse og laver en lækker middag, og så går de en tur bagefter. 5) Om morgenen kan de lide at være udenfor, hvis solen skinner og indenfor, hvis det regner. 6) Når man/du/I rejser, er det rart at planlægge din/jeres tur, men det er også rart at finde ud af det, mens man/du/I rejser. 7) Den nordlige del af Jylland, hvor de to have mødes, er meget smuk. 8) Lyset er fantastisk, og mange kunstnere boede der for hundrede år siden. 9) Musikfestivaler er rigtig sjove, og man/du/I kan høre forskellige bands spille vældig god musik.
10) Hun sagde til ham, at han skulle tage toget til København og bruge en dag på at se seværdighederne. 11) Han ville gerne have brugt to uger på at se seværdighederne, fordi der er mange smukke, gamle slotte. 12) På den anden side ville de også gerne videre, så de kunne se flere byer. 13) Til sidst tog de til Paris for at være der et par uger, før de fløj hjem. 14) Det havde været et vældig dejligt år for Christine, fordi alle have modtaget hende med åbne arme.

Dansk – Engelsk Ordliste

Danish – English Word List

N.B.: Verbs are indicated with the infinitive: læse, at.
Nouns are indicated with the gender: either n (common
gender for both masculine and feminine) or t (neuter).

1-værelses	one-room
ad gangen	at a time
adgang, n	access
af sted	off, leave, out the door
afsked, n	farewell
afsnit, t	episode
afstand, n	distance
aftale, at	agree, arrange
aftale, n	appointment
aften, n	evening
aftensmad, n	dinner
alle	all
alle sammen	all of us
alle tiders	great (the best of all times)
allerede	already
allergisk	allergic
alligevel	nonetheless, nevertheless
almindelig	ordinary, usual
alvorligt	seriously
anbefale, at	recommend
and, n	duck
ankomme, at	arrive
apotek, t	pharmacy, drugstore
appetit, n	appetite
arbejde, at	work
arbejdsdag, n	work day
arm, n	arm
artig	good
artikel, n	article
at	that
august, n	August
autentisk	authentic
avis, n	newspaper

bad, t = brusebad, t	shower
badeværelse, t	bathroom
badminton, n	badminton
bagage, n	luggage
bagefter	afterwards
baghave, n	backyard, back garden
bare	just, simply
barn, t (børn)	child (children)
bedring, n	improvement
bedsteforældre, n, pl	grandparents
begejstret for	enthusiastic about
begge	both
behøve, at	need
belyst	lit up
benzin, n	gas
beskyttelse, n	protection
beslutte, at	decide
bestemt	certainly
besværligt	difficult
besøg, t	visit
besøge, at	visit
betale, at	pay
betyde, at	mean
beundre, at	admire
bibliotek, t	library
bibliotekar, n	librarian
bilde ind, at	make believe
billede, t	picture
billig	cheap
biograf, n	movie theater
bistro, n	bistro
bl.a. = blandt andet	among other things
blad, t	magazine
blanding, n	mixture
blive julen over	stay over a period of time (Christmas)
blive træt af, at	get tired of, be bored with
blive vant til, at	get used to
blive ved med, at	keep at, keep on (doing)

blæse ud, at	blow out
blød	soft
bo, at	live
bolle, n	roll
bordtennis, n	table tennis
borgerhus, t	townsman's house
brochure, n	pamphlet, brochure
bror, n	brother
brosten, n	cobblestone
bruge, at	use
brugerbetaling, n	consumer payment
brunet	sugared, made brown
brusebad, t	shower
budget, t	budget
buksestof, t	canvas, pants fabric
burger-bar, n	burger bar
bus, n	bus
buskort, t	bus pass
buste, n	bust
by, n	city
bygning, n	building
bytur, n	shopping expedition
bær, t	berry
bønne, n	bean
børste tænder, at	brush one's teeth
både	both
båndoptager, n	tape deck, tape recorder
café, n	café
cafeteria, t	cafeteria
clementin, n	clementine
cykle, at	ride a bike, bike
da	surely (emphatic agreement)
dadel, n	date (the fruit)
dagsorden, n	agenda
dansk	Danish
de fleste	most
dejlig	lovely
dejligt	lovely, nice

del, n	part
den	it, that
den yngste	the youngest
dengang	back then
deprimerende	depressing
der	there
derefter	afterwards, then
derhjemme	at home, back home
derimod	on the contrary
derind	in there
dessert, n	dessert
desværre	unfortunately
det	that, it
det morsomme	the funny part
det store kolde bord	smorgasbord
direkte	directly
diskotek, t	discotheque
dom, n	sentence
doven	lazy
dreng, n	boy
drik, n	drink
drikke, at	drink
du	you
dukke op, at	show up, appear
dunjakke, n	down coat
dygtig	clever, smart
dykke, at	dive
dyr	expensive
dyrke, at	do (sports, lit. "cultivate")
dyrke, at	grow
dække, at	cover
dække bord, at	set the table
dårlig	bad
efter	after
efterhånden	gradually, by now
eftermiddag, n	afternoon
egentlig	actually, in fact, really
eget	own
ekstra	extra

elektronisk	electronic, electronically
ellers	otherwise
ende, at	finish
ende, n	end
ende med, at	finish with
endelig	finally
endnu	even, yet
energi, n	energy
engelsk	English
enkelt	single
er	is
evt. = eventuelt	possibly, perhaps
fad, t	serving dish
faktisk	actually
fange, at	catch
fantastisk	tremendous, tremendously
far, n	father
farmaceut, n	pharmacist
feber, n	fever
fedt	cool
fejle, at	have (of illness), ail
fejre, at	celebrate
fest, n	party
festlig	festive
figen, n	fig
finde, at	find
finde på, at	think up
finde vej, at	find your way
fint	fine
firma, t	company
fiskesnøre, n	fishing line
fjern	distant
fjernsyn, t	TV
flag, t	flag
flere	more
flot	handsome, nice-looking
flytte, at	move
flødeskum, t	whipped cream
fløjlsbukser, n, pl	corduroy or velvet pants

fod, n	foot
fodbold, n	soccer
for det meste	most often
for en sikkerheds skyld	be on the safe side
for meget	too much
for tiden	at the moment
for øvrigt	incidentally
forbi	over
forbindelse, n	connection
foregå, at	go on, happen
foreløbig	so far
forestille mig, at	imagine
forestilling, n	performance
foretrække, at	prefer
forfatter, n	author
forkælet	spoiled
form, n	form, kind
formiddag, n	morning
forskellig	different
forstå, at	understand
forsøge, at	try
forsørge, at	provide for
fortsætte, at	continue
fortælle, at	tell, talk about
forvente, at	expect
forvirret	confused
forældre, n, pl	parents
fra oven	from above
frakke, n	long coat
fremad	forward
fremover	in the future
fremtid, n	future
frilandsmuseum, t	open-air museum
frisk	well, "fresh"
fritid, n	spare time, free time
frokost, n	lunch
frossen / frosne	frozen
fryser, n	freezer
fuld	full
fuldstændig	completely

fuldtidsjob, t	full-time job
fx = f.eks.= for eksempel	for example
fødselsdag, n	birthday
føle, at	feel, to touch
følge med i, at	follow along
før	before
først	first
først og fremmest	first and foremost
førstehold, t	first team, premier team
få, at	get
få fat på, at	get a hold of
få motion, at	get exercise, exercise
gaffel, n	fork
gal	bad, angry
galt	wrong
gammeldags	old-fashioned
gang, n	hall
gang, n	time
gang til, en	one more time
garanteret	with guarantee, surely
gardin, t	curtain
gave, n	present
gemme, at	hide
generation, n	generation
genrejse, at	re-erect
gerne	emphasizing what you would like to do
gide, at	care to, like to, feel inclined to, take the trouble to, mind
glad for	happy, glad
glasfiber	glass fiber
glemme, at	forget
glæde sig til, at	look forward to
god	good
godmorgen	good morning
godnat	good night
godt nok	actually
godt nok	well enough
gratis	free

grundlægge, at	found
gryde, n	pot, pan
græsplæne, n	lawn
grøntsager, n, pl	vegetables
gudstjeneste, n	service
gul	yellow
gæst, n	visitor
gør (at gøre)	does (to do)
gøre træt, at	make tired
gå, at	go
gå i bad, at	take a shower
gå i gang med, at	start with
gå i kirke, at	go to church
gå i seng, at	go to bed
gå i stykker, at	break, go to pieces
gå på indkøb, at	go grocery shopping
gå til, at	do, participate in
gå ud af, at	go out
gå ud med, at	go out with
gå videre, at	go on, move on
gås, n	goose
hakket	ground (about meat)
hals, n	throat
halsbetændelse, n	laryngitis, strep throat
halv	half
handske, n	glove
hans	his
haste, at	be in a rush
hav, t	ocean
have, at	have
have, n	garden
have brug for, at	need
have det sjovt, at	have fun
have lyst til, at	feel like
have råd til, at	be able to afford
have styr på, at	get under control
have travlt, at	be in a hurry, busy
have travlt med, at	be busy with
hedde, at	be called

hej = goddag	hi, hello = good-day
hejsa	hi (informal greeting)
hel	whole
heldig	lucky
heldigvis	luckily
heller ikke	not ... either
helt	quite, completely
helt bestemt	quite certainly
helt sikkert	certainly
hende	her
hente, at	pick up
herfra	from here
hilse, at	greet
hinanden	each other
hindbær, t	raspberry
hjem, t	home
hjemme	at home
hjemmearbejde, t	homework
hjemmegående	stay-at-home
hjemmelavet	homemade
hjertelig	hearty
hjælp, n	helping hand
hjælpe til, at	help out
hjørne, t	corner
hold, t	team
holde, at	keep, stay
holde kontakt, at	stay in touch, keep in contact
hos	with
hospital, t	hospital
hoste, at	cough
hoved, t	head, brain
hoveddør, n	front door, main door
hovedpine, n	headache
hovedret, n	main dish
hue, n	hat
hul, t	cavity
hun	she
hurtig	fast
hus, t	house

husfar, n	house father
hustru, n	wife (formal)
hvid	white
hygge sig, at	have a cozy time
hyggeligt	nice, cozy, great, cool
hyldebær, t	elderberry
hæve, at	raise, increase
hævet	swollen
høj	high
højhælet	high-heeled
højre	right
høre, at	listen to, hear
høre sammen med, at	be connected with
håbe, at	hope
håbløst	hopeless
hånd, n	hand
hår, t	hair
hård	hard (opposite of soft)
i	in
i aften	tonight
i alt	total, altogether
i forhold til	compared to, in relation to
i form	in shape
i hvert fald	in any case
i mellemtiden	in the meantime
i nærheden	nearby
i nærheden af	close to, near to
i orden	OK
i stedet for	instead of
i timevis	for hours
i årevis	for years
idé, n	idea
igen	again
ihærdigt	assiduously
ikke	not
ikke sandt?	right?
imens	meanwhile, in the meantime
imponerende	impressive

ind	in
ind imellem	in between
indbydende	inviting
indefra	from inside
inden døre	indoors
indføre, at	initiate, introduce
indkøbstur, n	shopping trip
indkørsel, n	driveway
indtil	until
inspektør, n	manager
internet, t	Internet
is, n	ice cream, ice
især	especially
ja	yes
ja tak	yes, thank you
jakke, n	jacket, coat
jamen	yes, but (expression)
jeg	I
jo da	sure
jordbær, t	strawberry
jul, n	Christmas
juleevangelium, t	Christmas gospel
juleforberedelse, n	Christmas preparation
julefrokost, n	Christmas luncheon
julekonfekt, n	Christmas candy
julesalme, n	Christmas hymn or carol
juletræ, t	Christmas tree
kakao, n	cocoa
kammerat, n	friend, comrade
kan (at kunne)	can
kaotisk	chaotic
karbonade, n	breaded pork patty
kartoffel, n	potato
kende, at	know
kigge, at	look
kiks, n	cracker
kirke, n	church
kirsebær, t	cherry

klar	ready
klare sig, at	manage
klasse, n	class
klint, n	cliff
klods, n	building block
klub, n	club
klæde ud, at	dress up
kniv, n	knife
knækbrød, t	crisp bread
kode, n	code
koge, at	boil
kold	cold
komme, at	come
komme i gang med, at	get started with
komme ind, at	be let in
komme til at fryse, at	get cold
komme videre, at	move on, get a move on, go on, get going
komme væk, at	get away
kone, n	wife
kontor, t	office
kop te, n	cup of tea
kort	short
kortærmet	short-sleeved
koste, at	cost
krig, n	war
kringle, n	kringle
krop, n	body
kuffert, n	suitcase
kultur, n	culture
kun	only
kunne, at	be able to
kunne lide, at	like
kunne lidt igen, at	be able to go on a bit
kunst, n	art
kunstner, n	artist
kvalitet, n	quality
kvittering, n	receipt
kyst, n	coast

kælder, n	basement, downstairs
kæmpestor	huge
kære	dear
kæreste, n	girlfriend or boyfriend
kød, t	meat
køkken, t	kitchen
køre, at	drive, ride
køre igennem, at	swipe
kørsel, n	drive
lagkage, n	layer cake
lang	long
langs	along
langt ud på natten	far into the night
langærmet	long-sleeved
lav	low
lave, at	make
lave mad, at	cook
lede, at	look
lege, at	play
lejlighed, n	apartment
lektie, n	homework
lidt	a little
lige	just
lige fremme	straight ahead
lige siden	ever since
ligesom	kind of
ligge, at	lie (on something)
ligge, at	lie, to be located
liv, t	life
livagtigt	lifelike
livret, n	favorite dish
lukke, at	shut, close
lukke ude, at	shut out
lyde, at	sound
lykkes, at	manage, succeed in
lyskryds, t	traffic light
læderjakke, n	leather coat
læge, n	doctor

lægge, at	lay
lækker	cool, nice, delicious
lækkert!	delicious, scrumptious!
længe	for a long time
længes efter, at	long for
lære, at	learn
lærer, n	teacher
læse, at	study, read
løbe, at	run
løbe på ski, at	ski (verb)
løbetræne, at	run, exercise
løs	loose
låge, n	door
lån, t	loan
låne, at	borrow
mad, n	food
madpakke, n	sack lunch
mand, n	husband
mandel, n	almond
mandelgave, n	almond present
mange	many
mangle, at	be without, lack
mangle bare, at	it is natural
marcipangris, n	marzipan-pig
marked, t	fair
maskine, n	machine
masse, n	lot
masse, n / masser	lots
masser af	lots of
med	with
med det samme	at once, right away
medicin, n	medicine, medication
medlem, t	member
meget	very, much, a lot
melde sig ind i, at	become a member of
mene, at	think
mens	while
mere	more

mesterskab, t	championship
meter, n	meter (approx. 3 feet)
midt i	in the middle of
minde om, at	remind of
model, n	model
modtage, at	receive
mon	I wonder
mor, n	mother
morgen, n	morning
morgenmad, n	breakfast
mulighed, n	possibility
mursten, n	brick
mærke, at	feel
møde, at	meet
møgvejr, t	nasty weather
mørk	dark
måde, n	way
måltid, t	meal
nedenunder	underneath
nederst	at the bottom of
nej	no
nem	easy
nemlig	namely, for, that is
nisse, n	elf
nogenlunde	fairly
noget	some
nok	enough
nok / vel nok	surely, be sure to, certainly
normal	normal
nu	now
nuværende	current
ny	new
nyde, at	enjoy
nær	near
nær så	nearly so
næsten	almost
nød, n	nut
nøjes med, at	make do with, settle for
nå, at	make it to

og	and
også	also
om	about
om dagen	per day
omkring	around
område, t	area
ondt	pain, hurt
op	up
op til jul	before Christmas
opdage, at	discover
opføre, at	perform
opgave, n	paper, essay
optage, at	record
opvisning, n	show
os	us
ost, n	cheese
ostebord, t	spread with different cheeses
osv. = og så videre	etc. = and so on
overveje, at	consider, think about
overvægtig	overweight
pakke, at	pack
pande, n	frying pan
par, t	couple of, pair of
park, n	park
parkeringsplads, n	parking spot
passe med, at	fit in with
passe på, at	take care of
pause, n	break
penicillin, n, t	penicillin
pensionist, n	retired person
pille, n	pill
piskefløde, n	whipping cream
pizzaria, t	pizzeria
pjaske, at	splash
pjece, n	pamphlet
pjække, at	skip class, play truant
plads, n	space
planlægge, at	plan
pleje, at	do as a rule, do usually

populær	popular
pose, n	bag
postkort, t	postcard
pragtfuldt	gorgeous, great
produkt, t	product
program, t	program
propfyldt	extremely crowded
prædiken, n	sermon
prøve, at	try
prøverum, t	fitting room
prøvetime, n	trial class
pudse næse, at	blow one's nose
punkt, t	item, a point
pynte, at	decorate
pæn	nice-looking
på	on, at
på den anden side	on the other hand
på gensyn	see you again
på venstre hånd	on your left
rabat, n	discount
rar	nice
rask	healthy, well
recept, n	prescription
redde, at	save, salvage
regering, n	government
regne, at	rain
regne med, at	count on
regnvejr, t	rainy weather
rejse, n	trip
rest, n	leftover, remains
restaurant, n	restaurant
ret	pretty, rather, tolerably, fairly
ret, n	dish
ret meget	a lot
ribs, t	red currant
rigtig	really
risalamande, n	rice dessert
risengrød, n	rice pudding
rive ned, at	tear down

ro, n	quiet
rokoko	rococo (from that period)
runde, n	round, a stroll
rundtur, n	round
rydde af, at	pick up, clear the table
rydde op, at	pick up in the house
række, at	hand
rød	red
rødkål	red cabbage
røre sig, at	move
sag, n	case
samle, at	gather, collect
samling, n	collection
sammen	together
samtidig med	at the same time as
sandelig	certainly
savne, at	miss
se, at	see
se på, at	look at
se ud som, at	look like
selvfølgelig	of course, naturally
sende, at	pass, to send
seng, n	bed
sent	late
servere, at	serve
serviet, n	napkin
seværdighed, n	sight
sidde, at	sit
sidde fast, at	stick
sidde på hug, at	squat
side, n	side
sidst	at the end of
sidste	last
sig (at sige)	say (to say)
sige til, at	say to
sikke (en/et)	what (a)
sikkerhed, n	security
sikkert	surely

silkebluse, n	silk blouse, silk shirt
simpelthen	simply
sin, sit, sine	his, hers, its
sjov	fun
sjovt nok	funny enough, it is weird
skal	shall
skam	certainly
skat, n	tax
ski, n	ski (noun)
skidt	bad
skidt med	never mind
skoletid, n	school hours
skov, n	forest, woods
skrive, at	write
skrive under, at	sign
skrivebord, t	desk (writing table)
skrælle, at	peel
skulptur, n	sculpture
skyld, n	sake
skynde sig, at	hurry
skænke, at	pour
skål	cheers
skål, n	bowl
slags, n	kind (of)
slappe af, at	relax
slem	bad
sludder, t	nonsense
slukke, at	turn off
slå på, at	tap
smage, at	taste
smelte, at	melt
smule, n	bit
smut, t	stroll
smut, t	trip, a stop
smør, t	butter
smøre, at	make (to butter)
snakke, at	talk
snakke højt om, at	talk about out loud
snakke sammen, at	talk to each other

snaps, n	shot of schnapps
snart	soon
sne, n	snow
snemand, n	snowman
snestorm, n	snowstorm
sodavand, n	soda (Coke, Pepsi, etc.)
solbær, t	black currant
solskin, t	sunshine
sommer, n	summer
sommerhus, t	cabin
sort	black
sove, at	sleep
sovs, n	gravy
spise, at	eat
spise løs, at	eat a lot
spise med, at	join in the meal
sport, n	sports
spændende	exciting
stadigvæk	still
standse, at	stop
start, n	beginning
stat, n	state
sted, t	place
stege, at	fry
stereoanlæg, t	stereo
stilhed, n	silence
stole på, at	trust
stor	big
stram	tight
strand, n	beach
stribet	striped
strålende	radiant, shining
studiegæld, n	student debt
studium, t	study at an institution of higher learning
stuvende	completely, "stuffed"
stykke, t	piece
stykke papir, t	piece of paper
stærk	strong

størrelse, n	size
stå, at	stand
stå af, at	get off
stå op, at	get up
sund	healthy
supermarked, t	supermarket
svare til, at	correspond to
svensker, n	Swede
sveske, n	prune
svinekød, t	pork
svær	difficult
svømme, at	swim
sy, at	sew
sydpå	down south
syg	sick, ill
sygesikring, n	health insurance
synd for	shame
synes, at	think, feel
sædvanligt	usual
særlig	especially
sætte af, at	drop off
sætte sig, at	sit down
sætte sig ned, at	sit down
sætte sig til bords, at	sit down at table
sætte væk, at	clear away
sød	cute, sweet
sølvtøj, t	silverware
søn, n	son
søster, n	sister
så	so, then
så mange som muligt	as many as possible
så småt	gradually, "in a small way"
sådan her	like this, as such
tag, t	roof
tage, at	take
tage på, at	gain weight
tage sig af, at	take care of
tak	thank you

tale, at	speak
tallerken, n	plate
tandlæge, n	dentist
tandpine, n	toothache
taste, at	enter
taxa, n	cab
temperatur, n	temperature
tid, n	time
tid, n	appointment (at a doctor's, etc.)
tidspunkt, t	time, period
til	to, for
til daglig	on a day-to-day basis, daily
til den tid	when the time comes
til maden	with the food / with dinner
til middag	for dinner
til sidst	finally, at last
tilbud, t	bargain, special offer
tilfreds	content
time, n	class
time, n	hour
ting, n	thing
tit = ofte	often
tja	well
tjene, at	earn
tog, t	train
tom	empty
tonsvis	tons of
tradition, n	tradition
traditionelt	traditionally
traktørsted, t	tea garden, beer garden
trist	sad, drab
tro, at	believe
træhus, t	wooden house
trænge til, at	need
træt	tired
tråd, n	thread
Tuborg, n	Danish brand of beer
tur, n	walk
turist, n	tourist

turnering, n	tournament
typisk	typical
tænde, at	light, turn on
tænke, at	think
tæt ind på livet	close to you
tønde, n	barrel
uartig	naughty
ude af form	out of shape
udefra	from outside
udsalg, t	sale
udsigt, n	view
udstille, at	exhibit
uge, n	week
umuligt	impossible
underlig	strange, weird
undvære, at	be without
universitet, t	university
usund	unhealthy
utrolig	incredible
vandre, at	wander, to stroll
vandrerhjem, t	youth hostel
vandrerkort, t	membership card for hostels
vare, at	last
vare, n	article (pl.: goods)
vaske sig, at	wash oneself
ved	at, by
ved hjælp af	by the help of, with the aid of
ved siden af	next to
vej, n	road, a way
vejrstation, n	weather station
vejrudsigt, n	weather report
vel	presumably
vel nok	certainly, surely
velfærdssystem, t	welfare system
velkommen	welcome
vellykket	wonderful, successful
ven, n	friend

vende næsen hjemad, at	head home
venstre	left
vente, at	wait
venteværelse, t	waiting room
verden, n	world
vestpå	out west
vi	we
vi ses	see you later (lit. "we will see each other")
vigtigt	important
vildt	wild
vinde, at	win
vinke, at	wave
virke, at	work
vise, at	show
vist	probably, presumably, I think
vokse, at	grow
vores	our
vædde, at	bet
væg, n	wall
vægter, n	night watchman
vække, at	wake someone
vældig	really, truly, tremendously
væmmelig	disgusting
vænne sig til, at	get used to
vær så venlig	please
være, at	be
være enige om, at	agree
være med, at	to join in
være nødt til, at	have to
være sent på den, at	run late
værelse, t	room
værk, t	work
værsgo	there you are
værtsfamilie, n	host family
våd	wet
ægtemand, n	husband (formal)
ældste	oldest

øje, t	eye
øjenbryn, t	eyebrow
øjenvippe, n	eyelash
økologisk	organic
økonomi, n	finances
ønske sig, at	want, desire, wish for
åbenbart	obviously
åbne, at	open

English – Danish Word List

Engelsk – Dansk Ordliste

a little	lidt
a lot	ret meget
access	adgang, n
actually, in fact, really	egentlig, faktisk, godt nok
admire	beundre, at
after	efter
afternoon	eftermiddag, n
afterwards, then	bagefter, derefter
again	igen
agenda	dagsorden, n
agree	være enig om, at
agree, arrange	aftale, at
all	alle
all of us	alle sammen
allergic	allergisk
almond	mandel, n
almond present	mandelgave, n
almost	næsten
along	langs
already	allerede
also	også
among other things	bl.a. = blandt andet
and	og
and so on = etc.	og så videre = osv.
apartment	lejlighed, n
appetite	appetit, n
appointment	aftale, n
appointment (at a doctor's, etc.)	tid, n
area	område, t
arm	arm, n
around	omkring
arrive	ankomme, at
art	kunst, n
article	artikel, n
article (pl.: goods)	vare, n
artist	kunstner, n
as many as possible	så mange som muligt
assiduously	ihærdigt
at, by	ved
at a time	ad gangen

at home	hjemme
at home, back home	derhjemme
at once, right away	med det samme
at the bottom of	nederst
at the end of	sidst
at the moment	for tiden
at the same time as	samtidig med
August	august
authentic	autentisk
author	forfatter, n
back then	dengang
backyard, back garden	baghave, n
bad (opposite of good)	dårlig, slem, skidt
bad, angry	gal
badminton	badminton, n
bag	pose, n
bargain, special offer	tilbud, t
barrel	tønde, n
basement, downstairs	kælder, n
bathroom	badeværelse, t
be	være, at
be able to afford	have råd til, at
be able to go on a bit	kunne lidt igen, at
be busy with	have travlt med, at
be called	hedde, at
be connected with	høre sammen med, at
be in a hurry	have travlt, at
be in a rush	haste, at
be let in	komme ind, at
be on the safe side	for en sikkerheds skyld
be without	mangle, undvære, at
beach	strand, n
bean	bønne, n
become a member of	melde sig ind i, at
bed	seng, n
beer, Danish brand of	Tuborg, n
before	før
before Christmas	op til jul

beginning	start, n
believe	tro, at
berry	bær, t
bet	vædde, at
big	stor
birthday	fødselsdag, n
bistro	bistro, n
bit	smule, n
black	sort
black currant	solbær, t
blow one's nose	pudse næse, at
blow out	blæse ud, at
body	krop, n
boil	koge, at
borrow	låne, at
both	begge, både
bowl	skål, n
boy	dreng, n
breaded pork patty	karbonade, n
break	pause, n
break, go to pieces	gå i stykker, at
breakfast	morgenmad, n
brick	mursten, n
brother	bror, n
brush one's teeth	børste tænder, at
budget	budget, t
building	bygning, n
building block	klods, n
burger bar	burger-bar, n
bus	bus, n
bus pass	buskort, t
bust	buste, n
butter	smør, t
by the help of, with the aid of	ved hjælp af
cab	taxa, n
cabin	sommerhus, t
café	café, n
cafeteria	cafeteria, t

can	kan (at kunne)
canvas, pants fabric	buksestof, t
care to, like to, feel inclined to	gide, at
case	sag, n
catch	fange, at
cavity	hul, t
celebrate	fejre, at
certainly	bestemt, helt sikkert, sandelig, skam
certainly, surely	vel nok
championship	mesterskab, t
chaotic	kaotisk
cheap	billig
cheers	skål
cheese	ost, n
cherry	kirsebær, t
child (children)	barn, t (børn)
Christmas	jul, n
Christmas candy	julekonfekt, n
Christmas gospel	juleevangelium, t
Christmas hymn or carol	julesalme, n
Christmas luncheon	julefrokost, n
Christmas preparation	juleforberedelse, n
Christmas tree	juletræ, t
church	kirke, n
city	by, n
class	klasse, n; time, n
clear away	sætte væk, at
clementine	clementin, n
clever, smart	dygtig
cliff	klint, n
close	lukke, at; nær
close to, near to	i nærheden af
close to you	tæt ind på livet
club	klub, n
coast	kyst, n
cobblestone	brosten, n
cocoa	kakao, n
code	kode, n
cold	kold

collection	samling, n
come	komme, at
company	firma, t
compared to, in relation to	i forhold til
completely	fuldstændig
completely, "stuffed"	stuvende
confused	forvirret
connection	forbindelse, n
consider, think about	overveje, at
consumer payment	brugerbetaling, n
content	tilfreds
continue	fortsætte, at
cook	lave mad, at
cool	"fedt"
cool, nice, delicious	lækker
corduroy pants, velvet pants	fløjlsbukser, n, pl
corner	hjørne, t
correspond to	svare til, at
cost	koste, at
cough	hoste, at
count on	regne med, at
couple of, pair of	par, t
cover	dække, at
cracker	kiks, n
crisp bread	knækbrød, t
culture	kultur, n
cup of tea	kop te, n
current	nuværende
curtain	gardin, t
cute, sweet	sød
Danish	dansk
dark	mørk
date (the fruit)	dadel, n
dear	kære, kær
decide	beslutte, at
decorate	pynte, at
delicious, scrumptious	lækkert
dentist	tandlæge, n
depressing	deprimerende

desk (writing table)	skrivebord, t
dessert	dessert, n
different	forskellig
difficult	besværlig, svær
dinner	aftensmad, middag, n
directly	direkte
discotheque	diskotek, t
discount	rabat, n
discover	opdage, at
disgusting	væmmelig
dish	ret, n
distance	afstand, n
distant	fjern
dive	dykke, at
do, participate in	gå til, at
do (sports, lit. "cultivate")	dyrke, at
do as a rule, do usually	pleje, at
doctor	læge, n
does (to do)	gør (at gøre)
door	låge, n
down coat	dunjakke, n
down south	sydpå
dress up	klæde ud, at
drink (noun)	drik, n
drink (verb)	drikke, at
drive	kørsel, n
drive, ride	køre, at
driveway	indkørsel, n
drop off	sætte af, at
duck	and, n
each other	hinanden
earn	tjene, at
easy	nem
eat	spise, at
eat a lot	spise løs, at
elderberry	hyldebær, t
electronic, electronically	elektronisk
elf	nisse, n
emphasizing what you would like to do	gerne

empty	tom
end	ende, n
energy	energi, n
English	engelsk
enjoy	nyde, at
enough	nok
enter	taste, at
enthusiastic about	begejstret for
episode	afsnit, t
especially	især, særlig
even, yet	endnu
evening	aften, n
ever since	lige siden
exciting	spændende
exhibit	udstille, at
expect	forvente, at
expensive	dyr
extra	ekstra
extremely crowded	propfyldt
eyebrow	øjenbryn, t
eyelash	øjenvippe, n
fair	marked, t
fairly	nogenlunde
far into the night	langt ud på natten
farewell	afsked, n
fast	hurtig
father	far, n
favorite dish	livret, n
feel	mærke, at
feel, to touch	føle, at
feel like	have lyst til, at
festive	festlig
fever	feber, n
fig	figen, n
finally, at last	til sidst, endelig
finances	økonomi, n
find your way	finde vej, at
fine	fint
finish with	ende med, at

first	først
first and foremost	først og fremmest
first team, premier team	førstehold, t
fishing line	fiskesnøre, n
fit in with	passe med, at
fitting room	prøverum, t
flag	flag, t
follow along	følge med i, at
foot	fod, n
for a long time	længe
for dinner	til middag
for example	fx = f.eks.
for hours	i timevis
for years	i årevis
forest, woods	skov, n
forget	glemme, at
fork	gaffel, n
form, kind	form, n
forward	fremad
found	grundlægge, at
free	gratis
freezer	fryser, n
friend, comrade	kammerat, ven, n
from above	fra oven
from here	herfra
from inside	indefra
from outside	udefra
front door, main door	hoveddør, n
frozen	frossen / frosne
fry	stege, at
frying pan	pande, n
full	fuld
full-time job	fuldtidsjob, t
fun	sjov
funny enough, it is weird	sjovt nok
funny part, the	morsomme, det
future	fremtid, n
gain weight	tage på, at
garden	have, n

gas	benzin
gather, collect	samle, at
generation	generation, n
get	få, at
get a hold of	få fat på, at
get away	komme væk, at
get cold	komme til at fryse, at
get exercise, exercise	få motion, at
get off	stå af, at
get started with	komme i gang med, at
get tired of, be bored with	blive træt af, at
get under control	have styr på, at
get up	stå op, at
get used to	blive vant til, vænne sig til, at
girlfriend or boyfriend	kæreste, n
glass fiber	glasfiber
glove	handske, n
go	gå, at
go grocery shopping	gå på indkøb, at
go on, happen	foregå, at
go on, move on	gå videre, at
go out	gå ud af, at
go out with	gå ud med, at
go to bed	gå i seng, at
go to church	gå i kirke, at
good	god
good (opposite of naughty)	artig
good morning	godmorgen
good night	godnat
goose	gås, n
gorgeous, great	pragtfuldt
government	regering, n
gradually, by now	efterhånden
gradually, "in a small way"	så småt
grandparents	bedsteforældre, n, pl
gravy	sovs, n
great (the best of all times!)	alle tiders
greet	hilse, at
ground (about meat)	hakket
grow	dyrke, vokse, at

hair	hår, t
half	halv
hall	gang, n
hand (noun)	hånd, n
hand (verb)	række, at
handsome, nice-looking	flot
happy, glad	glad for
hard (opposite of soft)	hård
hat	hue, n
have (of illness), ail	fejle, at
have a cozy time	hygge sig, at
have fun	have det sjovt, at
have to	være nødt til, at
head, brain	hoved, t
head home	vende næsen hjemad, at
headache	hovedpine, n
health insurance	sygesikring, n
healthy, well	rask, sund
hearty	hjertelig
help out	hjælpe til, at
helping hand	hjælp, n
her	hende, hendes, sin, sit, sine
hi (informal greeting)	hejsa
hi, hello = good-day	hej = goddag
hide	gemme, at
high (opposite of low)	høj
high-heeled	højhælet
his	hans, sin(e), sit
home	hjem, t
homemade	hjemmelavet
homework	hjemmearbejde, t; lektie, n
hope	håbe, at
hopeless	håbløst
hospital	hospital, t
host family	værtsfamilie, n
hour	time, n
house	hus, t
house father	husfar, n
huge	kæmpestor

hurry	skynde sig, at
husband	mand, ægtemand, n
I	jeg
I wonder	mon
ice cream	is, n
idea	idé, n
imagine	forestille mig, at
important	vigtigt
impossible	umuligt
impressive	imponerende
improvement	bedring, n
in	i
in any case	i hvert fald
in between	ind imellem
in shape	i form
in the future	fremover
in the meantime	i mellemtiden
in the middle of	midt i
in there	derind
incidentally	for øvrigt
incredible	utrolig
indoors	inden døre
initiate, introduce	indføre, at
instead of	i stedet for
Internet	internet, t
inviting	indbydende
is	er
it, that	den
it is natural	mangle bare, at
item, point	punkt, t
jacket, coat	jakke, n
join in the meal	spise med, at
just, simply	bare, lige
keep, stay	holde, at
keep at, keep on (doing)	blive ved med, at
kind (of)	slags, n
kind of	ligesom

kitchen	køkken, t
knife	kniv, n
know	kende, at
kringle	kringle, n
laryngitis, strep throat	halsbetændelse, n
last (adj.)	sidste
last (verb)	vare, at
late	sent
lawn	græsplæne, n
lay	lægge, at
layer cake	lagkage, n
lazy	doven
learn	lære, at
leather coat	læderjakke, n
left	venstre
leftover, remains	rest, n
librarian	bibliotekar, n
library	bibliotek, t
lie, to be located	ligge, at
life	liv, t
lifelike	livagtigt
light, turn on	tænde, at
like	kunne lide, at
like this, as such	sådan her
listen to, hear	høre, at
lit up	belyst
live	bo, at
loan	lån, t
long	lang
long coat	frakke, n
long for	længes efter, at
long-sleeved	langærmet
look at	se på, kigge, at
look forward to	glæde sig til, at
look like	se ud som, at
loose	løs
lot	masse, n
lots	masse, n / masser
lots of	masser af

lovely, nice	dejlig
luckily	heldigvis
lucky	heldig
luggage	bagage, n
lunch	frokost, n
machine	maskine, n
magazine	blad, t
main dish	hovedret, n
make	lave, at
make believe	bilde ind, at
make do with, settle for	nøjes med, at
make it to	nå, at
make tired	gøre træt, at
manage	klare sig, at
manage, succeed in	lykkes, at
manager	inspektør, n
many	mange
marzipan-pig	marcipangris, n
meal	måltid, t
mean	betyde, at
meanwhile, in the meantime	imens
meat	kød, t
medicine, medication	medicin, n
meet	møde, at
melt	smelte, at
member	medlem, t
membership card for hostels	vandrerkort, t
meter (approx. 3 feet)	meter, n
miss	savne, at
mixture	blanding, n
model	model, n
more	flere
more	mere
morning	morgen, formiddag, n
most	de fleste
most often	for det meste
mother	mor, n
move	røre sig, flytte, at

move on, get a move on, go on, get going	komme videre, at
movie theater	biograf, n

namely, for, that is	nemlig
napkin	serviet, n
nearby	i nærheden
nearly so	nær så
need	behøve, have brug for, trænge til, at
never mind	skidt med
new	ny
newspaper	avis, n
next to	ved siden af
nice	rar
nice, cozy, great, cool	hyggeligt
nice-looking	pæn
night watchman	vægter, n
no	nej
nonetheless, nevertheless	alligevel
nonsense	sludder, t
normal	normal
not	ikke
not ... either	heller ikke
now	nu
nut	nød, n

obviously	åbenbart
ocean	hav, t
of course, naturally	selvfølgelig
off, leave, out the door	af sted
office	kontor, t
often	tit = ofte
OK	i orden, okay
oldest	ældste
old-fashioned	gammeldags
on, at	på
on a day-to-day basis, daily	til daglig
on the contrary	derimod
on the other hand	på den anden side
on your left	på venstre hånd

one more time	gang til, en
one-room	1-værelses
only	kun
open	åbne, at
open-air museum	frilandsmuseum, t
ordinary, usual	almindelig
organic	økologisk
otherwise	ellers
our	vores
out of shape	ude af form
out west	vestpå
over	forbi
overweight	overvægtig
own	eget
pack	pakke, at
pain, hurt	ondt
pamphlet	pjece, n
pamphlet, brochure	brochure, n
paper, essay	opgave, n
parents	forældre, n, pl
park	park, n
parking spot	parkeringsplads, n
part	del, n
party	fest, n
pass, to send	sende, at
pay	betale, at
peel	skrælle, at
penicillin	penicillin, n, t
per day	om dagen
perform	opføre, at
performance	forestilling, n
pharmacist	farmaceut, n
pharmacy, drugstore	apotek, t
pick up	hente, at
pick up, clear the table	rydde af, at
pick up in the house	rydde op, at
picture	billede, t
piece	stykke, t
piece of paper	stykke papir, t

pill	pille, n
pizzeria	pizzaria, t
place	sted, t
plan	planlægge, at
plate	tallerken, n
play	lege, at
please	vær så venlig
popular	populær
pork	svinekød, t
possibility	mulighed, n
possibly, perhaps	evt. = eventuelt
postcard	postkort, t
pot, pan	gryde, n
potato	kartoffel, n
pour	skænke, at
prefer	foretrække, at
prescription	recept, n
present	gave, n
presumably	vel
pretty, rather, tolerably, fairly	ret
probably, presumably, I think	vist
product	produkt, t
program	program, t
protection	beskyttelse, n
provide for	forsørge, at
prune	sveske, n
quality	kvalitet, n
quiet	ro, n
quite certainly	helt bestemt
quite, completely	helt
radiant, shining	strålende
rainy weather	regnvejr, t
raise, increase	hæve, at
raspberry	hindbær, t
ready	klar
really	rigtig
really, truly, tremendously	vældig

receipt	kvittering, n
receive	modtage, at
recommend	anbefale, at
record	optage, at
red	rød
red cabbage	rødkål
red currant	ribs, t
re-erect	genrejse, at
relax	slappe af, at
remind of	minde om, at
restaurant	restaurant, n
retired person	pensionist, n
rice dessert	risalamande, n
rice pudding	risengrød, n
ride a bike, bike	cykle, at
right	højre
right?	ikke sandt?
road, a way	vej, n
rococo (from that period)	rokoko
roll	bolle, n
roof	tag, t
room	værelse, t
round	rundtur, n
round, a stroll	runde, n
run (exercise)	løbetræne, at
run late	være sent på den, at
sack lunch	madpakke, n
sad, drab	trist
sake	skyld, n
sale	udsalg, t
save, salvage	redde, at
say (to say)	sig (at sige)
say to	sige til, at
school hours	skoletid, n
sculpture	skulptur, n
security	sikkerhed, n
see you again	på gensyn
see you later (lit. we will see each other)	vi ses

seriously	alvorligt
sermon	prædiken, n
serve	servere, at
service	gudstjeneste, n
serving dish	fad, t
set the table	dække bord, at
sew	sy, at
shall	skal (at skulle)
shame	synd for
she	hun
shopping expedition	bytur, n
shopping trip	indkøbstur, n
short	kort
short-sleeved	kortærmet
shot of schnapps	snaps, n
show	opvisning, n; vise, at
show up, appear	dukke op, at
shower	bad, t = brusebad, t
shut out	lukke ude, at
sick, ill	syg
side	side, n
sight	seværdighed, n
sign	skrive under, at
silence	stilhed, n
silk blouse, silk shirt	silkebluse, n
silverware	sølvtøj, t
simply	simpelthen
single	enkelt
sister	søster, n
sit down	sætte sig ned, at; sætte sig, at
sit down at table	sætte sig til bords, at
size	størrelse, n
ski (noun)	ski, n
ski (verb)	løbe på ski, at
skip class, play truant	pjække, at
sleep	sove, at
smorgasbord	det store kolde bord
snow	sne, n
snowman	snemand, n
snowstorm	snestorm, n

so, then	så
so far	foreløbig
soccer	fodbold, n
soda (Coke, Pepsi, etc.)	sodavand, n
soft	blød
some	noget
son	søn, n
soon	snart
sound	lyde, at
space	plads, n
spare time, free time	fritid, n
speak	tale, at
splash	pjaske, at
spoiled	forkælet
sports	sport, n
spread with different cheeses	ostebord, t
squat	sidde på hug, at
start with	gå i gang med, at
state	stat, n
stay-at-home	hjemmegående
stay in touch, keep in contact	holde kontakt, at
stay over a period of time (Christmas)	blive julen over
stereo	stereoanlæg, t
stick	sidde fast, at
still	stadigvæk
stop	standse, at
straight ahead	lige fremme
strange, weird	underlig
strawberry	jordbær, t
striped	stribet
stroll	smut, t
strong	stærk
student debt	studiegæld, n
study, read	læse, at
study at an institution of higher learning	studium, t
successful	vellykket
sugared, made brown	brunet

suitcase	kuffert, n
sunshine	solskin, t
supermarket	supermarked, t
sure	jo da
surely (emphatic agreement)	da
surely, be sure to, certainly	nok, vel nok, sikkert
Swede	svensker, n
swim	svømme, at
swipe	køre igennem, at
swollen	hævet
table tennis	bordtennis, n
take	tage, at
take a shower	gå i bad, at
take care of	passe på, tage sig af, at
take the trouble to, mind	gide, at
talk	snakke, at
talk about out loud	snakke højt om, at
talk to each other	snakke sammen, at
tap	slå på, at
tape deck, tape recorder	båndoptager, n
taste	smage, at
tax	skat, n
tea garden, beer garden	traktørsted, t
teacher	lærer, n
team	hold, t
tear down	rive ned, at
tell, talk about	fortælle, at
temperature	temperatur, n
thank you	tak
that	at
that, it	det
then, so	så
there	der
there you are	værsgo
thing	ting, n
think	mene, tænke, synes, at
think up	finde på, at
thread	tråd, n

throat	hals, n
tight	stram
time	gang, tid, n
time, period	tidspunkt, t
tired	træt
to, for	til
to join in	være med, at
to make (to butter)	smøre, at
together	sammen
tonight	i aften
tons of	tonsvis
too much	for meget
toothache	tandpine, n
total, altogether	i alt
tourist	turist, n
tournament	turnering, n
townsman's house	borgerhus, t
tradition	tradition, n
traditionally	traditionelt
traffic light	lyskryds, t
train	tog, t
tremendous, tremendously	fantastisk
trial class	prøvetime, n
trip	rejse, n
trip, a stop	smut, t
trust	stole på, at
try	forsøge, prøve, at
turn off	slukke, at
TV	fjernsyn, t
typical	typisk
underneath	nedenunder
understand	forstå, at
unfortunately	desværre
unhealthy	usund
university	universitet, t
us	os
use	bruge, at
usual	sædvanligt

vegetables	grøntsager, n, pl
very	meget
view	udsigt, n
visit (noun)	besøg, t
visit (verb)	besøge, at
visitor	gæst, n
wait	vente, at
waiting room	venteværelse, t
wake someone	vække, at
walk	tur, n
wall	væg, n
wander, to stroll	vandre, at
want, desire, wish for	ønske sig, at
war	krig, n
wash oneself	vaske sig, at
wave	vinke, at
way	måde, n
we	vi
weather report	vejrudsigt, n
weather station	vejrstation, n
week	uge, n
welcome	velkommen
welfare system	velfærdssystem, t
well	tja
well enough	godt nok
well, "fresh"	frisk
wet	våd
what (a)	sikke (en/et)
when the time comes	til den tid
while	mens
whipped cream	flødeskum, t
whipping cream	piskefløde, n
white	hvid
whole	hel
wife	kone, hustru, n
wild	vildt
win	vinde, at
with	hos, med
with guarantee, surely	garanteret

with the food / with dinner	til maden
wonderful, successful	vellykket
wooden house	træhus, t
work (noun)	værk, arbejde, t
work (verb)	arbejde, virke, at
work day	arbejdsdag, n
world	verden, n
write	skrive, at
wrong	galt
yellow	gul
yes	ja
yes, but . . .	jamen
yes, thank you	ja tak
you	du
youngest	yngste
youth hostel	vandrerhjem, t

Useful Books and Web Sites

GENERAL INFORMATION

Danmarks Nationalleksikon. *Bogen om Danmark*. Copenhagen: Nordisk Bog Center, 2001.

Denmark's Official homepage is www.denmark.dk (in English) and www.danmark.dk (in Danish).
From there, one can go to:
http://danmark.dk/portal/page?_pageid=34,328596&_dad=portal&_schema=PORTAL

Wulff, Carsten, Flemming Axmark, and Preben Hansen, eds. The Royal Danish Ministry of Foreign Affairs. *Denmark*. Copenhagen: Nordisk Bogproduktion, 1996.

LANGUAGE

Andersen, Stig Toftgaard. *Talemåder i dansk. Ordbog over idiomer*. Copenhagen: Munksgaard, 1998. (*Dictionary of Idioms*)
Bruun, Erik. *Dansk Sprogbrug. En stil- og konstruktionsordbog*. Copenhagen: Gyldendal, 1978. (*Style and Construction Dictionary*)
Dansk Sprognævn. *Retskrivningsordbogen*. 2. udgave. Copenhagen: Aschehough, 1996. (*Dictionary of Correct Writing*)
Fischer-Hansen, and Ann Kledal. *Grammatikken*. Copenhagen: Special-Pædagogisk Forlag, 1999. (*Grammar*)

The History of the Danish language and various other articles:
http://www.sitecenter.dk/henrik2405/detdanskesprog
Nielsen, B. Kjærulff. *Engelsk-Dansk Ordbog*. Copenhagen:
Gyldendal, 1998. (*English-Danish Dictionary*)
Vinterberg, Hermann, and C. A. Bodelsen. *Dansk-Engelsk
Ordbog*. Copenhagen: Gyldendal, 1998. (*Danish-English
Dictionary*)

HISTORY

Hornshøj-Møller, Stig. *A Short History of Denmark*.
Copenhagen: Aschehoug, 1998.
Jespersen, Knud J. V. *Gyldendals Leksikon*. Copenhagen:
Gyldendal, 1984.
An overview of Danish history can be found on the
following Web site: http://denmark.dk/portal/page?_
pageid=374,477985&_dad=portal&_schema=PORTAL
Rerup, Lorenz, et.al. "History." *Denmark*. Eds. Carsten
Wulff, Flemming Axmark, and Preben Hansen. The Royal
Danish Ministry of Foreign Affairs. Copenhagen: Nordisk
Bogproduktion, 1996.

THE MONARCHY

The Line of Kings can be found at: http://kongehuset.
dk/lineage.php?id=58197&dogtag=k_dk_monarkiet_
kongeraek&list_id=1
The Royal Family's homepage is: http://kongehuset.dk

HEALTH AND WELFARE

Ploug, Niels, Ingrid Henriksen og Niels Kærgård. "The Development of the Danish welfare state." http://www.sfi.dk/sw17508.asp
Taxation and welfare: http://www.skm.dk/publikationer/skat/1590/1592/s
Taxation rates: http://www.tmnu.dk/rapport/okonomisk_rentabilitet.php?menu=6

EDUCATION

Official site for the Ministry of Education (in English): http:// eng.uvm.dk
http://eng.uvm.dk//education/General/diagram.htm
http://pub.uvm.dk/2000/taldk/1.htm

RELIGION

http://www.folkekirken.dk
http://neft.dk/flexheim.htm

VISIT DENMARK

http://www.visitdenmark.com/usa/en-us/Menu/turist/turistforside.htm
http://www.visitdenmark.com/danmark/da-dk/Menu/turist/turistforside.htm

Audio Track List

Audio files available at:

http://www.hippocrenebooks.com/beginners-online-audio.html

Folder 1

Contains dialogues, vocabulary, and expressions in Lessons 1–5.

1. Title—*Beginner's Danish with 2 Audio CDs*
2. Alphabet and Pronunciation
3. Vowels
4. Consonants
5. Lesson 1 Dialogue
6. Lesson 1 Dialogue for repetition
7. Lesson 1 Vocabulary
8. Lesson 1 Expressions
9. Lesson 1 The Numbers
10. Lesson 2 Dialogue
11. Lesson 2 Dialogue for repetition
12. Lesson 2 Vocabulary
13. Lesson 2 Expressions
14. Lesson 3 Dialogue
15. Lesson 3 Dialogue for repetition
16. Lesson 3 Vocabulary
17. Lesson 3 Expressions
18. Lesson 4 Dialogue
19. Lesson 4 Dialogue for repetition
20. Lesson 4 Vocabulary
21. Lesson 4 Expressions
22. Lesson 5 Dialogue
23. Lesson 5 Dialogue for repetition
24. Lesson 5 Vocabulary

Folder 2

Contains dialogue in Lesson 10 and vocabulary and expressions in Lessons 6–13.

1. Lesson 6 Vocabulary
2. Lesson 7 Colors
3. Lesson 7 Vocabulary
4. Lesson 7 Expressions
5. Lesson 8 Vocabulary
6. Lesson 8 Expressions
7. Lesson 9 Vocabulary
8. Lesson 9 Expressions
9. Lesson 10 Dialogue
10. Lesson 10 Dialogue for repetition
11. Lesson 10 Vocabulary
12. Lesson 10 Expressions
13. Lesson 11 Vocabulary
14. Lesson 11 Expressions
15. Lesson 12 Vocabulary
16. Lesson 12 Expressions
17. Lesson 13 Vocabulary
18. Lesson 13 Expressions

CPSIA information can be obtained
at www.ICGtesting.com
Printed in the USA
JSHW030505060522
25560JS00001B/1

9 780781 814300